BEGINNERS' ACCOUNTING

ビギナーズ 会計学

吉見　宏 ◆ 編著
Yoshimi Hiroshi

中央経済社

◆執筆者一覧（執筆順）

吉 見　　宏　（北海道大学大学院教授）——————————— 第1章，第7章，第12章

中 村 将 人　（中京大学准教授）——————————————————— 第2章

鈴 木　　翔　（新潟経営大学講師）————————————————— 第3章

檜 山　　純　（北海道科学大学准教授）————————————— 第4章

角 田 幸太郎　（熊本学園大学大学院教授）——————————— 第5章

小 杉 雅 俊　（北海道大学大学院准教授）——————————— 第6章

吉 見 明 希　（北海道情報大学講師）——————————————— 第8章

村 上　　理　（跡見学園女子大学講師）————————————— 第9章

川 島 和 浩　（東北工業大学教授）——————————————— 第10章

岡 野 泰 樹　（北海道大学大学院准教授）——————————— 第11章

藤 森 允 浩　（公認会計士）——————————————————— 第13章

◎イラスト：白然（イラストレーター）

はじめに

　本書は，大学で会計学を初めて学ぶ人を対象に，会計学の世界を概観してもらうことを意図したものです。

　特に，大学の初年次教育においては，学生の皆さんは自分が志望する専門とは異なる，さまざまな分野の学問に触れる機会を持ちます。いわゆる総合大学では，理系の学生が文系の科目を，文系の学生が理系の科目を受講する可能性があります。また，専門課程に進めば，たとえば同じ文系であっても，学部が異なると他の学部で何を教えているのか，まったくわからない，ということにもなりがちです。

　会計学は，商業高校を除けば，高等学校で学ぶ機会がないのが実情です。しかも，近年は会計学の内部で専門化が進み，会計学の全体像をつかむことが難しくなっています。そのような中で，前提となる知識がない初年次の大学生の皆さんに，会計学の世界を見渡してもらうことは意外に難しいことなのです。

　多少乱暴になることを覚悟の上で，本書では会計学のさまざまな分野を，それぞれ1講の講義の中で説明してしまおう，という試みをしています。実のところ，このようなテキストは類を見ません。以前は，大学の教員になる会計学者であれば学部の会計学関連科目なら何でも講義できる，という程度の基礎的な知識は，広く持っていました。しかし，現代では会計学はより細分化，専門化し，それはかなり難しくなっています。その意味では，本書を使って講義をする先生方にとっても，その講義は1つのチャレンジではないかと思います。学生の皆さんと，会計学を学び直す，という機会になるかもしれませんし，新たな発見のきっかけになるかもしれません。

　また，本書を専門課程のゼミナールのような少人数教育の場面で用いることもアイデアの1つではないか，と考えています。本書の各章に対応する講義科目をすべてそろえている大学は，商学部や経営学部であってもほとんどないのではないかと思います。会計学を専門として学んでいる学生のみなさんにとっても，普段接している以外にも会計学の世界がある，というちょっと違った目

を持つことができるのではないでしょうか。

　一方で，本書の各章で扱う会計学の各分野は，本書の説明だけで理解できるほど狭いものではありません。各章の内容をきちんと学ぶためには，それぞれに専用のテキストを使って学ぶ必要があります。本書はあくまでも，それぞれの会計学分野の入口を用意しているだけなのです。

　会計学は，実は私たちが生活していく上で必ず必要になる素養という側面も持っています。本書が，より広範な方々に読まれ，会計学を学ぶきっかけになることを祈っています。

　本書の刊行にあたっては，中央経済社学術書編集部の田邉一正氏にお世話になりました。記して謝意を表します。

　2022年2月

執筆者を代表して

吉　見　　宏

目　　次

コラム

第 **1** 章　会計学の世界

❶—会計学を学ぶ

　会計学を学ぼうとするとき，それは何かのきっかけがあったからでしょう。高校までの学習では，商業高校を除けば会計学を学ぶ機会はなかったことと思います。したがって，会計学を学ぶきっかけは，多くの場合には，大学で学ぶ機会があったから，ということではないでしょうか。

　とはいえ，すべての大学で，あるいはすべての学部で会計学を学ぶ機会があるわけではありません。会計学の科目は，経済学部や経営学部，あるいは商学部といった，経済・経営系の学部で開講されています。ですから，そのような学部に所属している学生であれば，会計学を学ぶ機会はまず必ずあるといっていいでしょう。あるいは，そのほかの学部に所属している学生であっても，大学で主として1，2年次に開講される初年次教育の期間に，たまたま会計学に触れる機会を持つかもしれません。

　本書は，そのようなはじめて会計学に触れるみなさんに，会計学の世界を理解してもらおうと考えて書かれた本です。ですから，専門的に理解を深めようというよりは，まずは会計学に関心を持ってもらうことを目的としています。

　商業高校では，数学科，国語科といった教科に並んで，商業科という教科があります。商業科には18科目がありますが，このうち簿記，会計，原価計算，会計実務の4科目が直接に会計学に関係する科目になります。

　このことから，商業高校を卒業すれば，会計学の基礎的な知識は習得できるものと考えられます。一方で，普通高校では，経済学を学ぶ機会は公民科の中の政治・経済科目にしかなく，そこでは会計学に関する知識はほぼ学ぶことはできません。

　しかし，会計学は，家計においても重要であり，本来は生活のための基礎知識として，その学習は広く行われるべきものだと考えられます。日本人が個人の財産の運用に疎い，といわれるのも，そのような会計教育の機会のなさに理由があるのかもしれません。

❷—会計学と「お金」

　会計学の特徴として，端的には「お金」を扱う学問分野であることがあります。

　お金は，いうまでもなく「円」のような単位で表されます。もちろん，お金の単位は国によって異なりますが，現代では国によって異なるお金も，相互に交換できますから，呼び名は異なるにしても，お金という共通したツールを使って，われわれ人類は生活をしています。少し視野を広げていえば，人の行動は，お金で測られています。

　たとえば，いま山に自生している果物を取ってきて，これを他人に渡したとしましょう。そのときこれを売ったとすれば，売った人は「儲かった」のではないでしょうか。一方で，動物が果物を取って，他の動物に渡しても，それは売ったことにはなりません。このことは，人間であれば，人間同士のモノのやりとりの中で，「儲かっていく」可能性があるのに対して，動物がいくら動物同士で，モノのやりとりをしても「儲かる」可能性はないことを意味しています。そして，そのような「儲かる」行動を積み重ねていくと，人は豊かになっていくことになります。

　振り返れば，人の歴史は豊かになる歴史だったともいえます。しかしそれは，どれだけ儲かったのか，あるいは豊かになったのかが測定できなければ意味が

ありません．豊かさを測る方法がなければ，結局，人は豊かにはなれないのです．

　会計は，そのような豊かさを具体的に測るためのものです．そのための単位は，円などの貨幣単位しか，これまで人類は持ち得ていません．もちろん，お金があることはすなわち豊かであるとはいえません．しかし，豊かさを測定し，比較しようとすれば，好むと好まざるとにかかわらず，お金，すなわち貨幣単位でしか，われわれはそれをなしえないのです．

　貨幣単位は，自然界に存在する量の単位ではありません．温度計で測る℃や，モノサシで測るcmのように，自然現象を測るための単位は数多く存在し，測定のための道具もそれぞれに用いられています．しかし，豊かさやもうけを測る道具は存在しません．たとえば，先に述べた果物を他人に売った場合，これを100円で売ったとすればもうけは100円であるような気もします．しかし，仮に山に自然になっていた果物であっても，そこまで行く労力を計算に入れると，儲けは100円とはいえないかもしれません．

　そのような，人の行動によって生じる儲け，あるいはそれが累積されて生じる豊かさ，富を計算しようとするのが会計であり，それを体系立てて説明するのが会計学，ということになります．このため，会計学は「お金」に深いかかわりを持つことになります．

❸──会計学の隣接分野

　前節の説明のように，会計学は人と人との関係の中で生まれる現象を対象に
した学問分野です。このように，人間同士が関係し合う世界を「社会」とよび
ますが，社会が存在するからこそ，つまり人間同士がかかわり合うからこそ生
じる現象は，会計以外にもたくさんあります。

　たとえば，法律，政治，経済，経営，教育といった現象もこれにあたります。
そしてこれらを対象とした学問は，総称して，社会科学（social science）とよ
ばれています。つまり，会計学も社会科学の一分野ということになります。

　社会科学の各分野では，人間同士の行動や関係が対象になりますから，会計
学が対象とするお金の額，つまり金額がその行動や関係を説明するために使わ
れることがあります。つまり，会計学は社会科学の多くの学問分野としばしば
かかわりを持つことになります。

　中でも，会計学と特に関係が深いのが経営学であり，経済学でしょう。

（1）経営学と会計学

　会計学は，学問としては必ずしも長い歴史を持つものではありません。お金
のやり取りをするとか，それを通じて，「儲け」を測るといった会計現象自体
は，明らかにかなり以前から人間社会で発生していたと想像されます。近年の
研究では，会計記録をつける中から人類初の文字が生まれた，という説もある
くらいです。

　しかし，それを研究の対象とする会計学については，近代になって，経営学
から分化して1つの学問分野となった，という歴史を持ちます。そもそも，会
計学が着目する「儲け」，つまり利益は，資本主義社会では主として「会社」
が生み出します。会社にも種類がありますが，典型的なものは「株式会社」で
す。会社は，利益を目的として活動するため営利企業ともよばれ，われわれの
社会を豊かにするエンジンの役割を果たしています。

　企業には，非営利企業もあり，あるいは政府や地方自治体のような利益や儲
けを活動目的としない組織もたくさんあります。しかし，それらの活動にもお

金は必要ですから，会計は必要です。ただ，社会の組織すべてが非営利組織になってしまうと，誰も利益を生まないのですから，社会は豊かにはなりません。政府が税金を集められるのも，非営利組織が寄付を得られるのも，利益を出している者が，その一部を税金として納めたり，寄付として供出しているからにほかなりません。ですから，営利企業，特に会社は，社会の「儲け」をもっとも観察しやすい対象といえます。

そのような組織をどのように運営するか，に着目した学問が経営学です。ですから，経営学が発展する中で，会計学がより専門化して分化していった，というのは自然なことといえるでしょう。会計学は，経営の中でお金を扱う部分が取り出されて学問対象となった，といえるでしょう。

なお，本書では，会計そのものの歴史を学ぶ会計史については第2章で，学問としての会計学の展開については第12章で学びます。また，国や地方自治体を典型とする非営利組織の会計については，第10章で学びます。

（2）経済学と会計学

経営学は，経済学から分化してきたという歴史を持ちます。ですから，会計学にとっては，経済学は祖父母のような存在，ともいえるでしょう。

経済学も，人間同士の活動で生み出される富を扱う学問です。しかし一般的には，経済学は国のような広いレベルでの富を扱います。理論上は，ある国に存在する企業が生み出す富を合計すれば，その国全体が生み出した富になり，それを世界全体で合計すれば地球全体で人類が生み出した富が計算できることになります。しかし，異なる環境で活動する各企業の会計の方法が一致していないため，実際には単純に合計しても正確な数値は得られません。

それでも，経済学で具体的な数値が必要なとき，たとえば国民所得や貿易額などを示すときには，やはり貨幣単位が用いられることになりますから，会計学との関係は深いと考えられます。これは，学問としての会計学の研究方法を考えるときにもその関係性が深くかかわってきます（第12章）。

（3）法学と会計学

会計学では，一定のルールの下で計算を行うことで比較可能な利益の計算が

できます。法学は，社会のルールを研究の対象としていますから，会計学は法学とも深い関係を持ちます。

　しかし，会計学が必要とするルールは，いわゆる法律だけではありません。そもそも企業活動は，基本的には自由に行われるものですから，ルールも法律という形ではない，独自に決めたものが使われることも少なくありません。その範囲はきわめて広範ですが，本書ではその概略を第4章で説明します。

（4）数学と会計学

　会計学では，利益を計算することが必要です。したがって，数学とも関係があります。しかし，会計学で用いる計算の方法は，簿記とよばれ，一般的な数学とはかなり異なるものです。会計学を学ぶにあたっては，まず簿記を学ぶことから始めることが通例です。本書では技術的な簿記の習得は目的とはしていませんが，その意義を第3章で理解することにします。

❹—企業での会計

　企業の中では，直接的に会計の実務を行っている部署は，典型的には「経理部」などとよばれます（**図表1−1**）。また財務部は，企業がその活動資金を調達する仕事を行っており，やはり会計に深いかかわりを持つ部署です。このため，これらを統括して財務部門とか，経理部門と称されることもあります。

　経理担当の部署では，企業が行った活動を記録に残し，計算して利益を計算します。そしてその報告を社内外に行うための計算表である財務諸表を作成します。特に，企業外部の利害関係者に会社の会計の状態を報告することは重要です。このための会計は財務会計とよばれ，これは本書では第5章で学びます。

　また，経理担当の部署では，作成された会計数値を利用して経営状態を分析する，経営分析も行われます。また，経営分析は，その結果が企業の意思決定にも用いられることから，経営企画部門でも行われます。経営分析については，本書では第9章で学びます。

　製造業の場合には，商業とは異なりものづくりをする過程があることから，会計計算はより複雑になります。また，コストカットの工夫もより必要になり

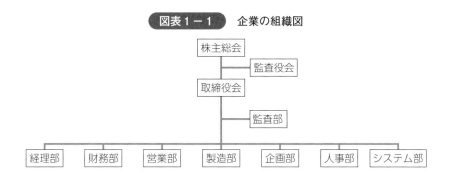

図表1-1　企業の組織図

ます。このことから，第6章で学ぶ原価計算や，第8章で学ぶ管理会計が展開
されることになります。

　さらに，企業には社長を典型とする経営者をチェックする役割を果たす監査
にかかわる部署もあり，たとえば株式会社では監査役がそれにあたります。ま
た，経営者が社内の監査を行うための内部監査や内部統制のための部署もあり
ます。このような，企業で行われる監査も会計学の対象として認識されており，
これは第7章で学びます。

❺─会計学の拡大

　経営学から分化した会計学も，現代ではさらに細分化されています。企業は，
現代社会においてはさまざまな求めに応じていかねばなりません。たとえば，
環境に配慮した経営を行わなければなりませんし，地域社会の発展への寄与や，
働く人を評価することも求められます。営利企業が利益を求めて活動すること
は当然ですが，利益だけを目的としていては，社会でその企業が必要とされな
い状況になってきています。

　このことから，たとえば環境会計などの必要性が認識されました。その結果，
必ずしも貨幣単位の数値でない情報も，会計が扱う情報として理解される傾向
が強まっています。そして，それらを伝統的な会計情報とともに公表しようと
する実務も広がりを見せています。これらについては，本書では第11章で説明
します。

　会計学は，社会の発展に応じて，社会が求めるように経営全般をカバーするように展開してきている，といえるかもしれません。

❻─会計の専門家

　会計を仕事とするにはどうすればよいのでしょうか。営利・非営利を問わず，あらゆる組織で会計は存在しますから，会社などの組織に入って，経理部などに所属して会計の仕事をする，というのが最もわかりやすいでしょう。簿記を知っていることは，少なくとも会計の基礎は理解していることを意味しますから，会計を仕事にしたい人の多くは，簿記の資格を取得することが一般的です。日本商工会議所が実施している簿記検定試験は，日本では広く認知されている簿記の資格試験です。

　しかし，日本の会社は定期的に部署を異動させて人材を育成することが多いため，入社後は経理部にしか所属したことがない，という例は，むしろ稀かもしれません。そこで，会計の仕事を専門的に行うには，そのための資格を取って専門職となることも選択肢に入ります。具体的な資格としては，公認会計士や税理士がその典型です。

　これらの資格については，第13章で説明します。また，会計にかかわる専門家あるいは資格は他にもあり，不動産鑑定士やファイナンシャルプランナー，保険数理士（アクチュアリー）などがその例にあたります。また，公務員試験の中にも，国税専門官，財務専門官など，会計の知識を求められるものがあります。

❼─会計学の学び方

　会計学の学び方に，こうでなければならない，というものはありません。しかし，大学で学ぶ順序はおおよそ定まっているように思われます。会計学も，積み重ねの学問であるために，順序よく学ぶと理解が進みやすい，ということはあるようです。ここでは，そのような一般的な学習の順序を示しておきます（図表 1 - 2）。

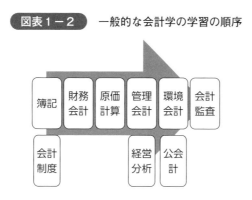

図表1−2　一般的な会計学の学習の順序

　本書は，会計学にどのような分野があるのかを，会計学の予備知識がない方が読まれることを前提に書かれています。したがって，本書の各章は学習の積み重ねを前提にしていません。図表1−2のような順序で，本書の各章を読まねばならない，ということではないことに留意してください。また，大学によっては，本書の各章のタイトルのような名称で会計学の科目が展開されていないと考えられます。一方で，本書では単独の分野としては扱いませんでしたが，税務会計，国際会計，会計情報論，財務諸表論といった科目が展開されている例は多いと思われます。一方で，会計理論や会計実務は，本書では章を設けましたが，大学の単独の科目としてはほとんど開講されていません。

　会計学は，お金の流れを通じて社会現象を把握しようとする学問分野です。お金は，それだけでは社会に何の活動も生みません。一方で，社会に生きる人や組織は，お金がなければ活動ができません。人や組織が，社会全体において働いている臓器だとすると，お金はそれをつなぐ血液の役割を果たしています。そのような視点で会計学を見るとき，会計学を通じて社会のさまざまな活動を把握することができることが理解されるでしょう。本書は，そのような会計学の世界を大づかみに理解してもらおうとするものです。

コラム❷	会計大学院

　日本では，経済学部や経営学部はあっても，会計学部を設置している大学はありません。学部の中に会計学科を置いている大学も全国で10大学程度しかありません。
　一方で，大学院となると，会計を学びの中心に据えた「会計大学院」を設置しているところがあります。これは，学部にあたる大学院の研究科を独立して設置したものと，学部の学科にあたる専攻として設置した場合がありますが，いずれもその名のとおり，公認会計士のような会計の専門家を育てることを目的にしており，会計学の科目も充実しています。

参考文献

　本書では，このあとの各章で，その章で学んだことを少し深めたり，本格的に学ぶために役に立つ参考文献を紹介していきます。
　総説である本章については，特定の文献を紹介しません。しかしコラム❶でも述べたように，会計学の基礎は商業高校でも学びます。このため，会計学と経営学の関係や，ビジネスの中での会計学の位置づけをまず学ぶテキストとして，商業高校用の教科書を入手してもよいでしょう。たとえば，「ビジネス基礎」とか，「ビジネスと経済」などのタイトルの教科書には，会計学の分野も取り上げられています。これらは各地の教科書取扱書店で一般にも販売されています。

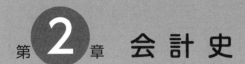

第**2**章　会　計　史

❶—文明と会計

　これから本書で会計学の具体的な内容を学ぶに先立って，会計がこれまでに歩んできた道についてみてみましょう。

　人間が財産を所有すると，「会計」という行為が必要となります。このため，有史以来「会計」という行為は常に行われてきたと考えられます。たとえば，古代メソポタミア文明では「トークン」という粘土製品に物資管理の情報が記録されており，これは世界最古の会計記録といわれています。

　しかし本章では，現代の会計に直接的に繋がる「**複式簿記に基づいた会計**」の歴史について紐解いてみたいと思います。

❷—複式簿記の生成と伝播

　今日の会計は「複式簿記」に基づいています。複式簿記については第3章において解説しますから，ここではくわしくは述べませんが，ひとまず「ある経済活動を二面的に捉えて記録する技術」と考えてください。これによって，財政状態（どのように資金を調達してどのように使ったか）や経営成績（どのくらい儲かった，もしくは損をしたか）を一元的に把握することができます。

　複式簿記の起源を探ることは難しい問題です。起源は複式簿記をどのように定義するかによって異なってきます。しかし現在の通説によると，中世のイタリア諸都市において，商人の交流を通じて同時多発的に生成されていったとさ

れています。

　複式簿記の歴史を紐解くと，**ルカ・パチオリ**という人物の名前が出てきます。彼は修道僧にして数学教授であり，レオナルド・ダ・ヴィンチとも親交がありました。1494年に彼は数学書『算術・幾何・比及び比例総覧』（略称『**スンマ**（総覧の意）』）を出版するのですが，その中でヴェネツィア商人が用いていた簿記について解説しています。これが世界初の活字で出版された複式簿記書です（なお，これ以前の1458年に，ベネディット・コトルリという人が複式簿記書を執筆しましたが，出版されたのは1573年です）。

　複式簿記は，商人の移動ともにヨーロッパ各地へ伝播していきました。高校の世界史の授業でドイツの大富豪フッガー家について学んだことがあるかと思いますが，15世紀後半から16世紀初頭にかけての当主ヤーコプ・フッガーは，ヴェネツィアでの修業時代に複式簿記を学んでいます。

　オランダ（ネーデルラント）では，1543年に**ヤン・インピン**による『新しい手引き』が出版されました。この本はフランス語版・英語版も出版され，複式簿記の伝播に大きく貢献しました。本書には売残商品に関する記述があり，未だ不十分ではありますが，後述する期間損益計算思考の萌芽であるとされます。

　もう1つ，オランダにおいて有名な簿記書として，1605年より順次出版された，**シモン・ステフィン**による『数学的回顧録』があります。この本は『スンマ』同様数学書ですが，その中で複式簿記について説明しています。この本において特筆すべき点は，領土経営への複式簿記の導入について説いていることです。第10章で公会計への複式簿記の導入について触れますが，ステフィンの著作はその先駆けといえます（ちなみに，ステフィンの影響を受けたかは不明ですが，17世紀前半にスウェーデン国王グスタフ2世アドルフが同国の財政管理に複式簿記を採用していました）。

　また，イギリス（イングランド）においても15世紀ごろから複式簿記の採用が確認されています。少し時代は下りますが，「悪貨は良貨を駆逐する」という「グレシャムの法則」で有名なトーマス・グレシャムが用いていた帳簿が現存しています。

❸—損益計算方式の変化

　複式簿記の機能の1つに，利益（もしくは損失）を計算する「損益計算」があります。複式簿記生成期の会計帳簿をみると，さまざまな損益計算の方式が用いられていたことがわかります。

　まず，企業形態と損益計算方式の関係に注目してみましょう。中世のイタリアでは，陸上や地中海を通じた貿易が盛んでした。特にヴェネツィアでは，これらの事業は家族経営の企業によって展開されることが一般的でした。家族経営ですから，企業全体の利益や損失を厳格に計算することがさほど重視されず，扱った商品ごとあるいは行った貿易事業ごとの利益・損失をそれぞれ計算していました。これを「口別損益計算」といいます。一方，フィレンツェでは，さまざまな商人が出資した組合による企業経営が一般的でした。そのため，利益の分配のために，一定の期間が経過したら，企業全体の利益・損失を計算する必要がありました。これを「期間損益計算」といいます。

　14世紀ごろまでは，上記のような損益計算方式が混在していたと考えられていますが，次第に期間損益計算が定着していきました。とはいえ，イタリアにおける期間損益計算は定期的に行われるものではなく，組合員の脱退や事業主の死亡といったイレギュラーな出来事に際して行われていました。今日のような定期的な期間損益計算は，複式簿記が伝播したオランダ（ネーデルラント）において実施されるようになりました。

　もう1つ，利益（もしくは損失）を算出する計算式に注目してみましょう。利益（もしくは損失）を計算するには，以下の2通りの式が考えられます。

---

① 最後に残った金額（期末純資産）－最初にあった金額（期首純資産）
　　　　　　　　　　　　　　　　　　　　＝利益（もしくは損失）

② 稼いだ金額（収益）－支払った金額（費用）＝利益（もしくは損失）

---

　①の方法を**財産法**，②の式を**損益法**とよびます（きちんと帳簿をつけていれば，どちらの方法で計算したとしても金額は同じになるはずです）。財産法は非常に簡

単ですが，どのように利益が発生したのかがわかりません。損益法は日々の取引をすべて記録する必要があり手間がかかりますが，利益の発生理由がわかって次期以降の経営に役立てることができます。複式簿記生成期は財産法が用いられていましたが，次第に損益法も実施されるようになりました。

❹─会計に関する法規制

　フランスでは，1543年のインピン『新しい手引き』出版以降，商人の間で複式簿記が広まっていきました。しかし，中には会計帳簿を設けず，破産時には債権者に多大なる損失を負わせる商人もいました。そこで1673年に，フランス国王ルイ14世は商事王令を発布し，債権者保護の方針を明確化しました（ただし，実際の起草者はジャック・サヴァリーという人物です。そのため，この王令は別名「**サヴァリー法典**」ともよばれます）。

　本王令は世界初の会計に関する包括的な法規制であり，またはじめて「複式簿記」という語を盛り込んだ法令でもあります。2年ごとに財産目録を作成することを商人に義務づけており，破産時に会計帳簿を提示しない商人は「詐欺破産者」として死刑に処すという厳しい処罰が規定されていました。

　サヴァリー法典は，1794年の「プロイセン一般国法」や1807年の「ナポレオン商法典」など，各国の商法に影響を与えました。日本の商法・会社法は明治時代に独仏の法制度を参照して作成されており，やはり債権者保護の理念が継

承されています。

❺──株式会社の誕生と会計

　複式簿記が普及したオランダでは，会計史上重要な出来事がありました。それは，1602年に世界初の株式会社といわれる**オランダ東インド会社**が誕生したことです。

　ここで，**株式会社**のしくみについて確認しましょう（**図表２−１**）。株式会社は，経営のために財産を出資（委託）する株主と，出資を受けて（受託）実際に経営を行う経営者から成り立っています（この関係を「**委託・受託の関係**」といいます）。株主は財産を経営者に委託し，適切に事業に用いることを期待します。一方，財産を受託した経営者は，それを元手に事業を展開して利益を上げます。そして，利益の一部もしくは全部を配当として株主に還元します。これが株式会社の基本的なしくみです。

　株式会社の特徴として，仮に会社が負債を抱えて倒産したとしても，株主は出資した金額以上の弁済を求められないというものがあります（これを「**有限責任**」といいます）。複数の出資者が財産を委託して配当を受け取るという企業形態は，オランダ東インド会社以前にも存在しましたが，全出資者の有限責任が確立したのは同社が最初であったため，世界初の株式会社とされているのです。

　さて，株式会社の経営者は，委託された財産を適切に運用する責任（**受託者責任**）と，その顛末を株主に説明する責任（**説明責任**）を負うことになります。このうち，説明責任を果たすために，財政状態（資金調達の状況とその運用）や経営成績（利益や損失）を記録した**財務諸表**を作成し，株主に対して財務報告を行います。これまでの複式簿記は経営管理ツールとして用いられてきましたが，株式会社の出現以降は財務諸表作成ツールの性格も持ち合わせるようになりました。

16

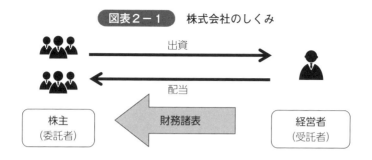

図表2−1　株式会社のしくみ

出資

配当

財務諸表

株主
（委託者）

経営者
（受託者）

　ただし，上記のような株式会社会計の特徴がすぐに出現したわけではありません。オランダ東インド会社は，複数の貿易会社がオランダ政府の主導によって合併したものであり，本国には６つの「カーメル（支部）」があるのみで本社は存在しませんでした。代わりに，東インドのバタヴィア（現在のインドネシア・ジャカルタ）に事実上の本社が，その他，東アジア各地に支店（商館）が設置されました。江戸時代に設置された平戸や長崎出島のオランダ商館は，同社の日本支店です。本国では複式簿記は用いられず，バタヴィア本社を中心とする東アジアの商館では複式簿記が採用されていました。1635年以降，１年ごとの期間損益計算が実施されるなどの先進性はみられたのですが，バタヴィアから本国への財務報告にとどまり，株主への報告はあまり行われませんでした。

　海を隔てたイギリス（イングランド）では，1600年に**ロンドン東インド会社**が設立されました。設立はオランダ東インド会社よりも早いのですが，当初は株式会社というよりも組合としての性格が強く，有限責任制が確立されて株式会社の特徴を備えたのは1662年のことでした。同社では，1664年の複式簿記導入以降，７年ごとに株主に対する財務報告が行われており，この点ではオランダ東インド会社よりも先進的でした。しかし，財務報告の数値と複式簿記による会計帳簿の数値は必ずしも一致したものではなかったようです。

　この後，イギリスではさまざまな株式会社が設立されていったのですが，1720年に**南海泡沫事件**という株価の大暴落が発生し，株式会社に対する不信感が広まってその設立は下火になっていきました。当時の経済学者アダム・スミスも，『国富論』において株式会社の欠点を指摘しています。しかし一方で，巨額の資本を必要とする企業については，株式会社が適しているとも述べてい

16

ます。その例の1つとして挙げられた運河は，主として株式会社によって経営され，上記のような株式会社会計の特徴はここで確立していきました。さらに19世紀に入ると，運河の代替交通機関として台頭してきた鉄道会社で，新たな会計手法が展開されていくことになります。

> ### コラム❸　南海泡沫事件とニュートン
>
> 　本文中で紹介した南海泡沫事件とは，「南海会社」という公債を整理するための国策会社が，有利な資金調達をねらって株価の吊り上げを画策したところ，逆に大暴落した事件です。当時の株式会社は国王の勅許がなければ設立できないことになっていましたが，実際には勅許を得ない詐欺的な会社（これらは「泡沫会社」とよばれました）が多く存在しており，株式投機の対象となっていました。株価吊り上げをねらった南海会社経営陣は，泡沫会社に出資されている資金を自社株に振り向かせるため，「泡沫会社禁止法」の制定を議会に働きかけました。しかし同法の制定後，南海会社の株価も暴落し，同社とその株主は多大な損失を被りました。
>
> 　「万有引力の法則」で有名なアイザック・ニュートンは，この事件で損失を被った南海会社株主の一人であり，「天体の動きは計算できるが，人々の狂気は計算できない」という言葉を遺しています。

❻──鉄道の発展と減価償却

　イギリスでは，18世紀後半以降，産業革命が進展していきました。特に蒸気機関車の発明は交通システムを劇的に変化させ，イギリス全土に鉄道網が張り巡らされていきました。鉄道は巨額の資本を必要とするため，株式会社によって経営され，株主への財務報告が重視されました。

　鉄道会社はそれまでの企業とは違い，固定資産の比重が大きいという特徴があります。固定資産とは，何年にもわたって使用される会社の財産であり，鉄道会社では，蒸気機関車，客車，駅舎，レールなどが該当します。1年で消費してしまう財産であれば，その年の費用として計上しますが，固定資産の価額すべてを購入した年の費用とするのは合理的ではありません。そのため，固定資産を使い続けることができる年数（耐用年数）を見積もり，その期間にわたって一定の方法で固定資産価額を配分し，費用とする必要があります。この手続を減価償却といいます（図表2－2）。

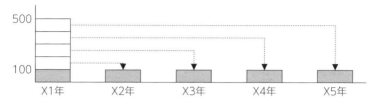

図表2－2 減価償却の考え方

例：取得原価500，耐用年数５年・残存価額０の場合

ところで，減価償却には，新しい固定資産に取り替えるための資金を準備する機能もあります。減価償却費は現金支出を伴わない費用であるので，これを計上すると，その額を社内に貯める（これを「**内部留保**」とよびます）ことと同様の効果があります。これを耐用年数が経過するまで繰り返すと，もとの固定資産価額と同額が内部留保されることになるのです。当時の鉄道会社では，むしろこちらの機能の方が強く意識されていました。

また，当時の鉄道会社における減価償却は，配当政策に左右されることがありました。鉄道会社の株主には，会社の長期的な繁栄を期待する人もいれば，自身の短期的な利得を期待する人もいました。自身の利得を第一に考える株主が主導権を持っている会社は，より多くの配当を捻出するため，減価償却を実施せずに利益額をできるだけ大きくする傾向にありました。そのような会社では，減価償却の代わりに，固定資産の部分的な取替が実施されたときにその費用を計上する**取替法**という会計手法が考案されました。

コラム❹ 　減価償却と内部留保

　本文でとり上げた，減価償却の「新しい固定資産に取り替えるための資金を準備する機能」について，数値例を使って掘り下げてみましょう。

　ある会社の１年間の収益・費用が以下のとおりだったとします。

　収益：現金による売上　100

　費用：現金による仕入　80，減価償却費　10

　このときの利益額は，100－（80＋10）＝10となります。しかし，仕入額80は実際に現金を支払っているのに対し，減価償却費10は現金支出がないため，実際の現金増加額は100－80＝20です。その後，会社は株主に配当を支払いますが，その原資となるのは利益額10です。仮に利益のすべてを配当としても，利益額と現金増加

額との差額10は少なくとも会社に残ります。
　以上のように，現金支出を伴わない減価償却費を計上すると，その額だけ会社内に資金が蓄積されていくことになるのです。

❼—会計監査の展開

　以上のように，財務報告が一般的になると，それに用いる財務諸表が適正に作成されているかどうかが気になります。それをチェックするために，**会計監査**が実施されるようになりました。

　株式会社の生成期より，株主から選出された監査人による会計監査が行われていました。しかし，彼らは必ずしも会計の専門知識をもちあわせておらず，有効に機能しませんでした。そのため，会計の専門知識を有する，独立した立場の監査人による監査が求められるようになりました。

　会計監査が注目された契機として，前述の南海泡沫事件が挙げられます。この事件に際して，自称「会計士」のチャールズ・スネルが南海会社の関係会社に関する「監査報告書」を作成しました。これは財務諸表の適正性に関するものではありませんでしたが，初の第三者の会計の専門家による監査報告でした。

　このころより，「会計士」と名乗る人々が増えてきましたが，このころの「会計士」は公的な資格ではなく，また業務の質も千差万別でした。このため，会計士達は各地に協会をつくって業務水準を維持し，その上で公的なお墨付きを得ようとしました。1854年，エディンバラ会計士協会がヴィクトリア女王から勅許を得，初めて会計士が公的に認められるようになりました。

　とはいえ，当初の会計士の業務は破産に関連するものがほとんどであり，監査業務の比重は小さいものでした。しかし，鉄道会社や金融機関での不正会計が世間を騒がせるようになり，専門知識をもった会計士による定期的な会計監査が次第に求められるようになりました。20世紀初頭までには，会計士による会計監査が一般的なものとなっていました。

　また，イギリスと海を隔てたアメリカでは，19世紀後半に企業の合併が盛んになりました。これに際して，合併企業の会計監査が必要となり，イギリスの会計士がアメリカで監査を行うようになりました。この後，アメリカにおいて

公認会計士制度が整備されていくようになります。

❽──原価計算・管理会計の生成と発展

　企業経営，特に製造業における課題の1つとして，製品の原価（製品の製造にかかった金額）を把握することが挙げられます。原価の把握は古代から行われていましたが，産業革命以前は材料費や労務費（従業員に支払う給料）を足し算するだけの素朴なものでした。しかし産業革命によって，製品と直接的に結びつけることのできない**製造間接費**（たとえば，光熱費や減価償却費など）の比重が増大していき，近代的な**原価計算**の必要性が高まっていきました。

　原価計算の生成は，最初に産業革命に至った18世紀イギリスの綿工業においてであったと考えられます。その他，現在も陶磁器の製造で有名なウェッジウッドや，蒸気機関製造メーカーのボウルトン＆ワット商会も原価計算を導入した最初期の企業です。しかし，原価計算の発展においても鉄道会社の貢献は大きいものでした。

　イギリス鉄道会社における特徴的な原価計算技術の1つとして，**見積原価計算**があります。これは実際に発生した原価を計算する（これを「**実際原価計算**」とよびます）のではなく，これから発生するであろう原価を見積もって計算するものです。例として，世界初の本格的な蒸気鉄道であるリヴァプール＆マンチェスター鉄道は，その開業前に，蒸気機関車を走らせた場合と固定蒸気機関を設置して客車を牽引した場合の見積原価計算を行っています。このように，原価計算は意思決定などの経営管理にも用いられるようになりました。

　原価計算による経営管理は，アメリカにおいてさらなる発展を遂げました。19世紀半ばには，すでにアメリカでも鉄道会社の設立が盛んになっていましたが，イギリスの鉄道会社より路線距離が長く，大規模な組織でした。このため，路線をいくつかの管区に分け，それらを管理するさまざまな会計手法が考案されました。特に有名なものが，投資額に対してどのくらいの利益を挙げられるかを示す，投資利益率（＝利益額／投資額）という指標です。アメリカの鉄道会社では，この投資利益率に基づいた鉄道ルートの選択，運賃設定，予算管理が行われていました。投資利益率は製造業にも伝えられ，火薬製造のデュポン

社では，各事業部の業績評価のために投資利益率を利用していました。

　20世紀に至ると，製造業では能率を重視する**科学的管理法**という経営技法が提唱されはじめました。これを受けて，予め製造にかかるであろう原価を科学的に算出し，それと実際原価を比較して原価管理を行う**標準原価計算**が考案されました。このように，大量生産システムの確立に伴って，近代的な**管理会計**の技法が考案されていきました。

❾─日本の会計

　以上のような「複式簿記に基づいた会計」は，日本にはどのように伝来したのでしょうか。日本における最初期の複式簿記は，江戸時代のオランダ・イギリス商館において設けられた会計帳簿です。しかし，言うまでもなくこれらは日本人が扱ったものではありません。日本人と複式簿記との出会いは，明治維新期まで待たなければなりません。

　1873（明治6）年，日本最初の複式簿記書である『**銀行簿記精法**』という本が刊行されました。これは，お雇い外国人アレクサンダー・アラン・シャンドによる講述を大蔵省がまとめたものとされています。また同年，福澤諭吉がアメリカの簿記教科書を翻訳した『**帳合之法**（ちょうあいのほう）』も出版されています。これらの本を通じて，複式簿記の知識は日本中に伝播していきました（もっとも，明治期に複式簿記を採用したのは一部の大企業に限られており，中小企業まで複式簿記の採用が広まるのは，昭和30年代まで待たなければなりませんでした）。

　この後，会計に関する一般的な法規として，1890年代に**商法**が制定されましたが，詳細な会計基準は長らく未整備でした。日本初の体系的な会計基準は，昭和初期の商工省による「財務諸表準則（1934年）」・「財産評価準則（1936年）」・「製造原価計算準則（1937年）」の制定によります。し

福澤諭吉像

（出所）慶應義塾福澤研究センターHP（http://www.fmc.keio.ac.jp/about/index.html)

かし，これらは強制的なものではなく，採用する企業は限られていました。その後，戦時体制が強化されていく中で，1940年には「会社経理統制令」が制定され，企業会計は政府の統制下に置かれました。

戦後に至り，1949年に経済安定本部内の企業会計制度対策調査会によって**企業会計原則**が策定されました。この会計原則は，投資者保護を目的として制定された**証券取引法**（現在の金融商品取引法）に支持され，今日に至るまで日本の企業会計制度の中核となっています。

これと並行して，官営事業や民間の造船業・製造業などでは，明治期以来徐々に原価計算システムが構築されていきました。特に大正末期から昭和戦前期にかけて，陸海軍がそれぞれ軍需品製造企業を対象とした種々の原価計算に関する基準を策定していきました。しかし，陸軍と海軍で基準が異なっていたことは，実際に利用する企業から不評でした。そのため1942年に，企画院が統一基準として「製造工業原価計算要綱」を策定しています。現行の**原価計算基準**は，戦後の1962年に大蔵省内の企業会計審議会（企業会計制度対策調査会の後身）から発表されていますが，その原型は製造工業原価計算要綱に求めることができます。

さて，日本における会計監査はどのように実施されてきたのでしょうか。前述の商法では，株式会社に監査役を置くことが規定されましたが，その独立性にも専門性にも疑問が残りました。日本で会計監査に注目が集まった契機は，1909年に発覚した**日糖事件**でした。これは，日本製糖という会社が，製糖業に関する優遇税制の延長を求めて国会議員に賄賂を渡したという汚職事件でした。この事件の際に監査役の機能不全が問題となり，会計専門職の整備が叫ばれるようになりました。

1927年，**計理士法**の制定により，日本ではじめて公的に認められた会計専門職が誕生しました。しかし，計理士は監査業務に特化したものではなく，資格取得の条件も緩やかであったため，計理士による監査は一般化しませんでした。戦後の証券取引法制定によって，独立した会計専門職による監査が求められるようになり，1948年には新たに**公認会計士法**が制定されました。

> ### コラム❺　シャンドと『銀行簿記精法』の謎
>
> 　シャンドは，もともとイギリスの銀行の横浜支店長代理として日本に赴任していた銀行家で，銀行制度整備のために明治政府に雇われた「お雇い外国人」でした。昭和初期の2.26事件で暗殺された大蔵大臣高橋是清は，少年期にシャンドの家でボーイとして働いていたことがありました。日露戦争時に，高橋が日本銀行副総裁としてイギリスで外債募集をした際，シャンドは便宜を図ってくれたようです。
>
> 　ところで，通説では，『銀行簿記精法』はシャンドの講述をまとめたものとされています。しかし，ある日本の銀行員が晩年のシャンドに同書について質問をしたところ，覚えがないと述べたそうです。事実，同書の内容とシャンドの母国イギリスの銀行簿記システムは異なるものでした。シャンドの失念あるいは謙遜によるものか，講述をまとめた日本人によるミスであるのかは定かではありませんが，同書の成り立ちは謎に包まれています。

❿─会計史を学ぶ意義

　「会計史」は会計学の中でも極めてマイナーな学問領域です。かつて会計史関連の書籍は，よほど大きな書店に行かなければ取り扱っておらず，あったとしてもフロアの片隅の棚に少しだけ並んでいるというのが普通でした。

　ところが近年は，会計史に関する書籍，それも（学術専門書ではない）一般読者向けの書籍が多数出版されており，しばしば書店の入口付近で平積みされています。以下に，一部だけ紹介しましょう。

> ● ジェーン・グリーソン・ホワイト（川添節子訳）『バランスシートで読みとく世界経済史─ヴェニスの商人はいかにして資本主義を発明したのか？』日経BP社，2014年。
> ● ジェイコブ・ソール（村井章子訳）『帳簿の世界史』文藝春秋，2015年（文庫版は2018年）。
> ● 田中靖浩『会計の世界史　イタリア，イギリス，アメリカ─500年の物語』日本経済新聞出版社，2018年（マンガ版は2021年）。

　歴史の意義を論じる際によくとり上げられる言葉に，「温故知新（故きを温ねて新しきを知る）」があります。しばしば，不正会計に関するニュースが世間

を騒がせていますが，このような今日の問題を考えるとき，歴史は重要な指針になると思います。上記のような多くの会計史関連書籍の出版は，歴史に学ぼうとする人々の意識の現れではないでしょうか。

　これから本書では，会計学の各論について具体的に掘り下げていきますが，会計学には決着をみていない問題点が多々あります。そのような問題に直面したとき，会計史は答えを導くためのヒントを与えてくれるでしょう。

 参考文献 ─────────────────

千葉準一・中野常男（編）『会計と会計学の歴史（体系現代会計学第8巻）』中央経済社，2012年。

友岡賛『歴史にふれる会計学』有斐閣アルマ，1996年。

中野常男・清水泰洋（編著）『近代会計史入門（第2版）』同文舘出版，2019年。

平林喜博（編著）『近代会計成立史』同文舘出版，2005年。

渡邉泉『会計の歴史探訪─過去から未来へのメッセージ』同文舘出版，2014年。

　▷これらは，本章の全体を通じて関連する会計史の文献です。

橋本武久『ネーデルラント簿記史論─Simon Stevin簿記論研究』同文舘出版，2008年。

　▷本章第2節および第5節に特に関連した文献です。オランダ（ネーデルラント）における簿記とオランダ東インド会社の会計について論じられています。

渡邉泉『会計学の誕生』岩波新書，2017年。

　▷本章第3節に特に関連した文献です。さまざまな損益計算の方式についてより詳細に学ぶことができます。

岸悦三『会計生成史─フランス商事王令会計規定研究』同文舘出版，1975年。

　▷本章第4節に特に関連した文献です。かなり古い文献ですが，サヴァリー法典や債権者保護の思想について学ぶには必読の書です。

村田直樹『会計学の基層』創成社，2021年。

　▷本章第6節に特に関連した文献です。19世紀の運河・鉄道会社における減価償却の生成過程について論じられています。

友岡賛『会計士の誕生─プロフェッションとは何か』税務経理協会，2010年。

　▷本章第7節に特に関連した文献です。専門職としての会計士の生成について論じられています。

村田直樹・高梠真一・浦田隆広（編著）『管理会計の道標─原価管理会計から現代管理会計へ』（改訂増補版）税務経理協会，2004年。

　▷本章第8節に特に関連した文献です。現代の管理会計に至る歴史的な発展を学べます。

青木茂男（編）『日本会計発達史─わが国会計学の生成と展望』同友館，1976年。

　▷本章第9節に特に関連した文献です。こちらもかなり古い文献ですが，日本の会計史について網羅的に論じられています。

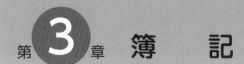

第**3**章　簿　　記

❶──簿記と会社の関係

　世間一般の間では，「簿記は難しい」「覚えることが多くて面倒くさそう」といった簿記に対して否定的な意見を耳にする機会が多々ありますが，果たして本当にその通りなのでしょうか。

　そもそも，簿記とは英語でbook keepingといい，日本語では「**帳簿記入**」の略語です。つまり，簿記とは，**帳簿**（ノートのようなもの）にお金の動きを**記録**するときのルールのことをいいます。

　簿記のルールを把握するためには，企業が行っている活動を把握しなければなりません。企業と一口にいっても，儲けることを目的としているか（営利か非営利か），公の組織であるかどうか（国（公）営か民間か），どのような経営活動を行っているか（商品売買業や製造業など）などさまざまに分類されます。それぞれの企業が，それぞれのルールに従って簿記の手続を行っているからです。

　簿記には，生産者や卸売業者などから商品を仕入れて，それをそのまま販売することが多い商品売買業などで用いられる**商業簿記**や，メーカーのように自社で車やスマートフォンなどの製品を製造する製造業で用いられる**工業簿記**などの種類があり，それぞれの経営活動にあった分類がされています（**図表3−1**）。本章ではこのうち，儲けるまでの過程が比較的シンプルな商業簿記を前提として話を進めていきます。

26

図表3－1　商業簿記と工業簿記

【商業簿記】　　　　　　　　　　　　　　　　　　　【工業簿記】

> **コラム❻**　いろいろな簿記と検定試験
>
> 　簿記には，本章で紹介した商業簿記，工業簿記以外にも，農業を対象とした農業簿記，銀行業を対象とした銀行簿記，建設業を対象とした建設業経理，漁業を対象とした漁業簿記などがあります。
>
> 　皆さんが大学生で，将来の進路などを鑑みて，これらの簿記の知識を深めたいのであれば，商業簿記・工業簿記に関しては日本商工会議所が実施している日商簿記検定を，農業簿記であれば日本ビジネス技能検定協会が実施している農業簿記検定を，建設業であれば一般財団法人建設業振興基金が実施している建設業経理検定試験などを受験し，資格取得にチャレンジすることもよいでしょう。

---

❷──単式簿記と複式簿記

　皆さんがノートのようなものにお金の動きを記録する時に，何を思い浮かべますか。多くの方は，家計簿やこづかい帳を思い浮かべたのではないでしょうか。

　皆さんの中にも過去にこづかい帳をつけたり，現在進行形で家計簿を使用している方もいるでしょう。これらの帳簿は毎回正確に記入していればお金の動きがわかって便利な反面，途中で続けるのが面倒になって挫折してしまった経験がある方も，多いかもしれません。

　実は，家計簿やこづかい帳も立派な会計帳簿の１つです。家計簿やこづかい帳のように，継続的にお金の動きを記録し，収入の合計と支出の合計を差し引きすれば手許にあるお金の残高がわかる記帳の方法を**単式簿記**といい，その誕生は古くローマ時代にまでさかのぼるといわれています。

　ここで，個人の場合であれば，お金を使いすぎていないか，今手許にお金が

いくら残っているかといったことに関心があるので単式簿記で事足りますが，企業の場合は異なってきます。

　企業には，多くの**利害関係者（ステークホルダー）**たちが存在します。それは，企業に出資してくれる株主（投資者）や企業で働く従業員といった内部の利害関係者から，お金を貸してくれる銀行などの金融機関（債権者），企業と取引をしてくれる取引先などの外部の利害関係者までさまざまです。

　しかし，取引の相手からしてみれば，その企業がいくら儲かっているのか，財産はどのくらいあるのか，という企業の情報がわからなければ安心して取引することはできません。

　たとえば，株主はその企業が儲かることを想定して出資します。企業はその期待に応えるために事業を行い，配当という形で儲けを株主に分配することも必要になります。また，企業を信用してお金を貸す銀行からすれば，企業が資金繰りに行き詰まって，万が一貸したお金が返ってこなければ大問題になります。取引先も，相手が信頼できるからこそ取引をするのであって，いつ倒産するかもわからない状況の相手と取引することなど誰も望んでいません。

　したがって，これらの人たちに企業の状況を**報告**する必要があるのです。

　ここで，企業の取引を単式簿記によって記帳した場合の例をあげてみます（**図表３−２**）。

図表３−２　　単式簿記での記録の例

日付	内容	収入（万円）	支出（万円）	残高（万円）
3月1日	銀行から借入	300		300
3月3日	商品仕入		150	150
3月4日	商品売上	100		250
3月5日	家賃の支払い		50	200
3月8日	商品仕入		150	50
3月10日	銀行から借入	100		150
3月15日	商品売上	100		250
3月19日	借入の返済		20	230
3月23日	商品売上	100		330
3月25日	給料の支払い		120	210
3月30日	商品仕入		150	60

　この記録を見ると，お金の残高については容易に把握できますが，企業の儲けやお金以外の財産を正確に把握することは難しいことがわかります。

　このように，単式簿記はお金の増減を把握するには有効な記録方法ですが，そのお金がどこから調達されて，どのように運用されたのか，その結果として企業がいくら儲けて，どれだけの財産があるのかといった情報を把握するには向いていない記録方法なのです。

　そこで，単式簿記の代わりに発明されたのが**複式簿記**であり，現在は簿記といえば一般的に複式簿記のことを指します。

❸─複式簿記のしくみ

　複式簿記は，今から500年以上前の14〜15世紀に，当時ヨーロッパ経済の中心であったイタリアの商人によって発明され，その後，1494年に出版されたイタリア人数学者ルカ・パチオリの数学書「スンマ」によってヨーロッパ全土に広まっていったといわれています（第2章参照）。

　単式簿記との違いは，取引を「**利益**」と「**財産**」という2つの側面から，**借方**（＝左側のこと）と**貸方**（＝右側のこと）にそれぞれの別の**勘定科目**（名前）で記録することにあります。

　たとえば，ある企業が1,000万円の土地を現金で購入した場合を考えてみます。この取引では，「現金」という企業が保有する資産が減少するという側面があるのと同時に，「土地」という資産が増加するというもう1つの側面があります。この2つの情報について複式簿記では次のように記録します。

　　　　（借）土　　　地　10,000,000　　　（貸）現　　　金　10,000,000

　このように取引を2つの側面に分解し，勘定科目（この例でいえば土地と現金のこと）を用いて借方，貸方に金額を記録することを**仕訳**といいます。

❹—仕訳のルール

　ここで，いくつか仕訳における注意点を述べておきます。

（1）簿記上の取引

　簿記上の取引は，私たちの日常生活における取引とは少し異なる点に注意が必要です。日常生活における取引とは，「新車を購入するために契約書にサインした」「以前から気になっていた商品を店頭で購入した」「インターネットサイトで商品を注文した」というように商品の売買やその手続をいいます。

　しかし，簿記ではこれらすべての取引が簿記上の取引となるわけではありません。簿記上の取引は以下に示す「**資産**」「**負債**」「**純資産（資本）**」「**収益**」「**費用**」のいずれかを増減させる取引をいい，これら5つの要素を「**簿記の5要素**」といいます（**図表3−3**）。

　繰り返しになりますが，簿記上の取引は「資産」「負債」「純資産（資本）」「収益」「費用」のいずれかを増減させる取引であり，簿記上の取引のみを帳簿に記録します。そのため，「契約書にサインしただけ」や「商品を注文しただけ」の取引は，簿記上の取引とはなりません。

　また，商品が盗難にあったり，管理がずさんで商品が紛失してしまった場合などは日常生活における取引ではありませんが，商品という資産の減少を伴うため簿記上の取引となります。

図表３－３	簿記の５要素

資産	会社にある財産のこと。株主からの出資や銀行等から借りたお金の使い道を表している。
負債	資産を得るために銀行等から借りた負の財産のこと。 将来返済する義務があるもの。
純資産（資本）	株主からの出資や会社が稼いだ利益を集めたもの。 将来返済する義務がないもの。
収益	経営活動の成果として財産が増加する原因となるもの。代表的なものは売上。
費用	収益を得るために費やしたお金などのこと。財産が減少する原因となるもの。

（２）勘定科目

　先ほどの仕訳の例で出てきた「土地」と「現金」のことを勘定科目といい，物や取引の内容を誰が見てもわかるようにその性質に応じた名前をつけて表しています。

　勘定科目は一部の例外を除いて簿記の５要素のどれかに属しています。たとえば「現金」なら資産，「借入金」なら負債，「資本金」なら純資産（資本），「売上」なら収益，「広告宣伝費」なら費用といったように，ある程度は常識的に判断できますし，簿記の学習を進めるときには自然と身につきます。

　このように簿記上の取引を２つに分解し，勘定科目名をつけたら借方（左）と貸方（右）に分けて金額を記入することになります。ではどうやって左右に分けたらいいかというと，ここにもルールが存在し，その取引が増えたのか（＋），減ったのか（－）で決まっています（**図表３－４**）。

図表３－４	勘定記入のルール

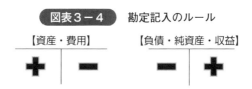

【資産・費用】　　　　　【負債・純資産・収益】

　図表3－4をみればわかるように，資産と費用は増えたら左側，減ったら右側に記録します。反対に，負債と純資産（資本）および収益は増えたら右側，減ったら左側に記録します。

　さて，皆さんの中には，「なぜ左側を借方，右側を借方とよぶのか」と疑問に思う方がいるかもしれません。この理由には諸説ありますが，日本に複式簿記が西洋から導入された際に，英語を直訳したため（英語では，借方を「debit」，貸方を「credit」といいます）といわれています。いずれにせよ，現在では借方，貸方という言葉が残っているだけで，特に意味はありません。

❺──簿記の目的

　簿記とは「帳簿にお金の動きを記録すること」であり，企業には多くの利害関係者がいるため，その人たちにとって有用な情報，すなわち，企業の「利益」や「財産」の状況を報告する必要があることはすでに説明したとおりです。

　そのためのツールが複式簿記であり，日々の取引を「利益」と「財産」の観点から発生順に仕訳して帳簿に記録していきます。簿記で用いる帳簿には，仕訳を記録しておく**仕訳帳**や，仕訳帳に記録された取引を勘定科目ごとに分けて集計し直した**総勘定元帳**（仕訳帳から総勘定元帳に移す作業を**転記**といいます），その他細かい内容を記録しておく**補助簿**などがあります。

　そして，簿記の最終的なゴールは企業の「利益」と「財産」を明らかにする計算表である**財務諸表**（financial statements：F/S）を 2 種類作成することです。財務諸表とは簡単にいえば，企業版の成績表のようなものです。

　世の中には多くの企業がありますが，どの企業にも共通するのは，お金を稼ぐために日々さまざまな経営活動を行っています。財務諸表は，その企業が 1 年間どのような活動を行って，どれだけの成果をあげて，結果として今どのような様子なのかを伝えるものといえます。

　財務諸表のうち，「利益」に関する情報を記録する財務諸表を「**損益計算書**（profit and loss statement：P/L）」，「財産」に関する情報を記録する財務諸表を，「**貸借対照表**（balance sheet：B/S）」といいます。

　ちなみに，財務諸表は一般的には「**決算書**」という通称でよばれています。

これは、「**決算**」という、企業が一定の時期（通常1年に一度）に「利益」や「財産」を明らかにするタイミングで財務諸表が作られるためです。

❻—損益計算書

　損益計算書は企業が一定期間（通常は1年間）にいくら利益をあげることができたのかという企業の**経営成績**を示す表です。いつからいつまでの期間にどのような活動を行い、結果としてどれだけの収益と費用が発生したのかという流れを表すため、**フロー**の概念といえます。

　企業の利益は収益と費用の差額で計算され、損益計算書には収益に属する勘定科目と費用に属する勘定科目が表示されます。なお、収益と費用の差額がマイナスとなる場合（費用＞収益の場合）では損失（赤字）が発生している状態です（**図表3−5**）。

図表3−5　損益計算書の構造

【利益が出ている場合】　　　　【損失が出ている場合】

　損益計算書の構造はこのようにいたってシンプルであり、「収益」−「費用」＝「利益」（もしくは「損失」）で表されます。収益の代表格は売上であり、企業は売上を最大化するために活動しています。そして、売上を獲得するためには商品の仕入代金や広告宣伝にかかるお金、働いてくれる従業員の給料などさまざまなコスト、すなわち費用がかかります。よって、企業は収益をより多く、その収益を得るためにかかる費用をできる限り少なくし、結果として多くの利益を獲得することを目指して経営活動をしていく必要があるといえます。

❼—貸借対照表

　貸借対照表は一定時点（たとえば3月31日など）に企業の財産がどれくらいあるのかという企業の**財政状態**を表した表です。そして，企業にはプラスの財産だけでなく借金などのマイナスの財産も存在するため，それらすべてを含めて表示します。

　具体的にはプラスの財産である資産の勘定科目は左側に，マイナスの財産である負債の勘定科目と，元手である株主からの出資や企業がこれまでに稼いできた利益などの純資産（資本）の勘定科目は右側に表示されます。ある瞬間の企業の財産を写真に収めたもの，というイメージでもよいでしょう。

　このように，資産，負債及び純資産（資本）が，ある時点にいくらあるのかを切り取ることから，貸借対照表は**ストック**の概念といえます。なお，貸借対照表は，借方の合計金額と貸方の合計金額が一致するという特徴があります（**図表3−6**）。

図表3−6　貸借対照表の構造

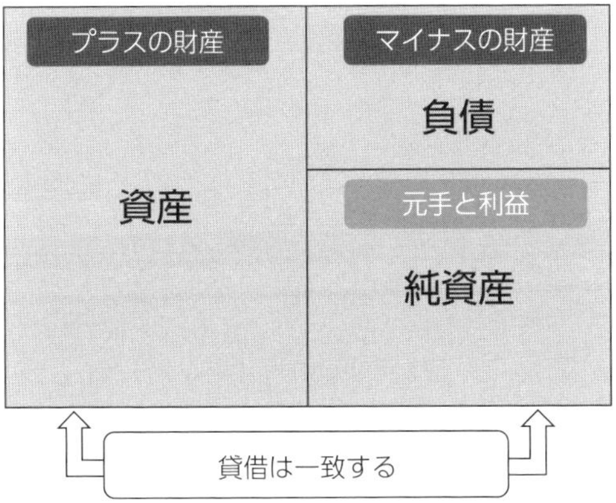

プラスの財産	マイナスの財産
資産	負債
	元手と利益
	純資産

貸借は一致する

　貸借対照表の構造はこのように貸借が一致するという特徴があるため，「資産＝負債＋純資産（資本）」および「資産−負債＝純資産（資本）」という式で表せます。

　ところで,「資産＝負債＋純資産（資本）」という考え方についてもう少し補足しておきます。貸借対照表の貸方の項目である負債と純資産（資本）はお金をどこから集めてきたかという調達源泉を表しています。すなわち,負債は他人から借りたお金であり,いずれは返済しなければならない義務を負っています。なお,負債のことを他人資本ともいいます。

　これに対して,純資産（資本）は株主からの出資や企業が稼いだ利益などであるため,基本的に返済する義務はありません。なお,純資産（資本）のことを自己資本という場合もあります。このように,貸借対照表の右側は企業が何らかの方法で集めてきたお金が記載されているのです。

　一方,貸借対照表の借方の項目である資産は,調達したお金の運用形態を表しています。たとえば,現金で保有しているのか,商品で保有しているのか,土地として保有しているのか,というように,「集めてきたお金がどのように使われているか」ということを表しているといえます。

　つまり,貸借対照表を見れば,貸方と借方が一目でわかるようになっているのです（**図表３－７**）。

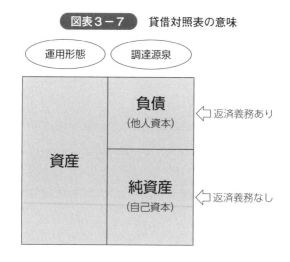

図表３－７　貸借対照表の意味

　ここで,もう１つの「資産－負債＝純資産（資本）」の観点から貸借対照表を見る際に注意すべき点があります。

　純資産（資本）は資産から負債を引いたものですが，この純資産（資本）が
マイナスになってしまうことがあります。それはすなわち，マイナスの財産で
ある負債がプラスの財産である資産を上回ってしまい，企業の資産を全部売り
払ったとしても借金を返しきれない場合です。この状態のことを**債務超過**とい
い，実質的な企業の破綻を意味します。

　どうしてこのような状態になってしまうかというと，利益の分だけ純資産
（資本）は増加しますが，逆に損失が発生すれば純資産（資本）は減少します。
企業は赤字を出したからといってすぐに倒産するわけではありませんが，損失
が出れば出るほど純資産（資本）を食い潰していき，貸借対照表のバランスが
崩れ，やがてはマイナスになってしまうのです（**図表3－8**）。

　「倒産」とは，企業が潰れることであり，それはお金の流れが止まったとき，
すなわち支払いなどに必要なお金がなくなったとき（資金繰りがショートしたと
き）に起こります。債務超過の状態は倒産に至るまさに瀕死の状態であるため，
そのような状態に陥らないように注意して経営していく必要があるのです。

図表3－8　債務超過の状態

【債務超過】

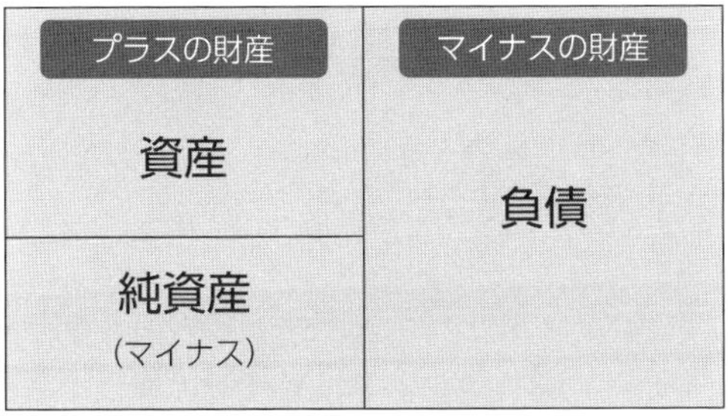

❽―会計期間

　企業のことを法人といい，人と同じように権利や義務が認められていますが，
大きく異なる点が，企業には本来寿命がないということです。このことを会計
用語で**「継続企業の前提（ゴーイング・コンサーン）」**といい，企業は自ら解散
しない限り，半永久的に継続して活動を行うという前提が置かれています。

しかし，解散するまで企業の活動成果や財産状態がわからないと経営者をはじめ利害関係者全員が困ります。そこで，会計のルールでは1年ごとに区切りをつけて，企業の活動成果を報告する損益計算書と貸借対照表を作成します。

この区切られた期間のことを**会計期間**といい，会計期間の始まりを**期首**，終わりを**期末**，期首と期末の間を**期中**といいます（**図表3－9**）。会計期間は個人事業主の場合であれば1月1日から12月31日までですが，企業の場合は4月1日から3月31日までなど自由に設定することができます。

また，現在進行中の会計期間を**当期**，1つ前の会計期間のことを**前期**，1つ後の会計期間を**次期**（**翌期**ともいう）とよびます。

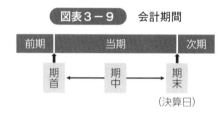

図表3－9　会計期間

❾―会計と経営にとっての意義

（1）会計と簿記

簿記は，会計を学ぶ上でどのような意義があるのでしょうか。この後の章で学ぶ会計では，企業の活動を数字に置き換え，その情報を財務諸表によって公開するためのルールが重要なポイントになります。

なぜなら，企業がいくら儲かっているか，財産がいくらあるかという情報は数字で表されているから誰もが理解できるのです。「今年はあまり儲からなかった」とか「私たちの会社にはたくさんの工場があります」といわれても，人によって捉え方が違うので正確な情報は伝わってきません。

会計がルールであるという点も同じで，たとえば，企業によってバラバラなルールで財務諸表が作られていたら企業の活動成果の良否を正しく判断できま

せん。とはいえ，経済が複雑化した現代では会計のルールも膨大であり，とても細かいため経理に携わる人や公認会計士，税理士といった会計の専門家でもない限り膨大なルールを覚える必要はありません。

　本章で説明してきた複式簿記は，会計の考え方を実践して財務諸表を作るための技術です。確かに経理担当や会計の専門家でもない限り，財務諸表を作る技術である簿記を深く学ぶ必要はないのかもしれません。しかし，ビジネスの共通言語ともいわれる会計の基礎であり，本質でもある簿記を知ることは，企業の実態を把握するために必要不可欠な知識といえるのです。

（2）会計と企業経営

　ここまで見てきたように，簿記という技術を利用して企業の実態を把握する会計は，会社を経営していく上で必要不可欠なものとしてその誕生から紆余曲折を経て今日まで利用されてきました。

　それというのも，会計は時代とともに少しずつルールを変えて進化しており，「取引を正確に記録したい」「企業の利益や財産を正しく把握したい」という要望が会計の世界を形作ってきました。そして，複式簿記の発明によって取引を「利益」と「財産」という2つの側面から記録する仕訳が可能になり，われわれの目には見えないものまで数字に置き換えて認識できるようになったのです。

　すなわち，資産，負債，純資産（資本），収益，費用という概念を得たことにより，企業の損益や保有する財産を正しく把握することができ，自社と他社の比較も同じルールのもとで行うことが可能になりました。

　このように，会計の最終的な生産物である損益計算書や貸借対照表といった財務諸表は，企業の1年間の経営活動の成果が反映されることから，「財務諸表は企業を映し出す鏡」といわれます。

　ここで，企業を継続させていくために日々利益を追求している経営者の目線に立ってみると，いかに財務諸表が経営の舵取りに必要なものかがわかります。「アメーバ経営」で知られる京セラ創業者の稲盛和夫氏も自身の著書『稲盛和夫の実学―経営と会計』の中で，「もし，経営を飛行機の操縦に例えるならば，会計データは経営のコックピットにある計器盤にあらわれる数字に相当する。計器は経営者たる機長に，刻々と変わる機体の高度，速度，姿勢，方向を正確

かつ即時に示すことができなくてはならない。そのような計器盤がなければ，今どこを飛んでいるかわからないわけだから，まともな操縦などできるはずがない」と，経営における会計の重要性を飛行機の計器盤に例えて説いています。

　つまり，経営者には財務諸表を活用し，「鏡」が映し出す姿を意図的に歪めることがないように利益を追求していくこと，また，利害関係者を乗せた飛行機の操縦を誤って墜落させないように，会計を常に意識した経営をしていくことが求められるのです。

コラム❽	変わる日商簿記検定

　大学生や社会人の間で広く知られている簿記の検定試験といえば日本商工会議所が主催する日商簿記検定試験ですが，コロナ禍の影響もあってか，従来までの紙ベースの試験に加えてパソコンで受験できるCBT試験も2020年12月から選択できるようになりました。日本商工会議所のHPによれば2021年7月時点でCBT試験を受験できる級は，原価計算初級，簿記初級，簿記3級，簿記2級とされています。新型コロナウイルスの影響によって，オンラインで作業を行うことが当たり前になっていくように，今後は検定試験もネットで受験する時代が当たり前になっていくのかもしれません。

参考文献

稲盛和夫『稲盛和夫の実学—経営と会計』日本経済新聞出版社，2000年。
　▷本文でも言及したように，著者は京セラの創業者で，日本航空の再建にも尽力されました。この本では著名な経営者の著者が，簿記そして会計の重要性を説いています。
山田真哉『さおだけ屋はなぜ潰れないのか？　身近な疑問からはじめる会計学』光文社新書，2005年。
小沢浩『簿記がわかってしまう魔法の書』日本実業出版社，2019年。
　▷前者の山田氏は公認会計士で，簿記の重要性を理解するための，新書版で気軽に読める本としてベストセラーになりました。後者は「絵本」の感覚で簿記が学べるというコンセプトの本です。
吉見宏（編著）『基本企業簿記』同文舘出版，2020年。
　▷本格的に簿記を学ぶためのテキストは数多くあります。本書はその1つですが，日商簿記検定の3級または2級の合格を目指す大学生を念頭に置いて書かれた本です。執筆者は本書の執筆者と多く重なっています。
田中靖浩『会計の世界史　イタリア，イギリス，アメリカ—500年の物語』日本経済新聞出版社，2018年。
　▷第2章でも取り上げられた文献ですが，簿記の歴史を理解するためにも役立ちます。

第**4**章　会計制度

❶—複数ある会計制度

　本章では，3つの会計制度を学びます。わが国には複数の会計制度がありま
す。同じ会計帳簿をもとに作成された報告書であれば，それを報告する制度も
1つで十分と思われるかもしれませんが，それぞれに趣旨や目的があります。

　ここで1つの例を考えてみましょう。XさんとYさんがいて，2人とも2,000
円を貸してほしいといっています。2人の所持金は，Xさんが8,000円，Yさ
んがゼロ円です。Yさんは普段からお財布を持ち歩いていません。Yさんは電
子マネーを使ったこともないようです。あなたはどちらかにお金を貸してあげ
ることにしました。あなたはどちらにお金を貸しますか。お金がなさそうなY
さんより，Xさんに貸すことを選びますか。それとも，8,000円持っているX
さんより，いまゼロ円で困っているYさんでしょうか。

　考えたところで，例にXさんとYさんのお金事情の説明を加えてみましょう。
実は，Xさんは派手な生活をしていて，実家から振り込まれていた学費を使い
込み，預金残高不足で電気を止められ，友人の家に寝泊まりしています。現在
所持している8,000円は消費者金融から借りたお金です。あなたから借りる2,000
円を加えて，これからライブのチケットを購入したいと思っています。一方，
Yさんはお金が大好きで，普段から必要以外のお金を使わないようにしていま
す。自宅の自分の机の中に100万円の束をいくつか入れていて，毎夜，愛情を
込めてなでてから眠っています。今日は大学で会計テキストを購入するために
どうしても2,000円が必要になりましたが，その代金は帰宅すれば保護者がだ

してくれるので，あなたにはすぐに返すつもりです。

　さて，このような事情をふまえてもう一度考えてみましょう。あなたはＸさんとＹさんのどちらにお金を貸しますか。本当にお金がないのはＸさんですが，Ｘさんに貸すと，そのお金は戻ってこないかもしれません。Ｙさんは返してくれる可能性が高いです。このような事情を知って，答えが変わった人もいるでしょう。

　ここで例を少し変えてみましょう。Ｘさんは，ライブ代を捻出するために，投資をしようと考えています。Ｘさんは，一儲けするから投資してくれ，そうしたら分け前として配当を渡すから，といってきました。投資の才能には自信があるといっています。さて，今度はあなたはどう考えますか。投資なら宝くじのつもりでお金をだしてあげてもよい，と考える人がでてきそうです。Ｙさんは大事になでているだけですから，そのお金は安全ですが増えもしません。投資の分け前という点では，Ｘさんのほうが大化けする可能性があります。

　極端な例をだしましたが，お金を貸そうとする人は，財布の所持金だけでなく，資産の全容と他人資本（借入金などの負債）と自己資本（資本金などの純資産）などの情報が重要です。一方，投資をしようとする人にとっては，増やす能力があるのか，どうやって儲けてくるか，リターンの可能性が推測できそうな情報も重要になります。これらの情報は，最初に貸すときや投資するときだけでなく，その後も定期的に求められるところです。

　法律では，前者はお金を貸す債権者を保護したり利害を調整するための会社法の会計制度，後者は国民経済の健全な発展と投資をする者を保護するための金融商品取引法の会計制度が関係します（証券市場では，投資家のことを**投資者**とよびます）。会計には利害調整や情報提供の役割があり，複数の会計制度でそれぞれの役割が担われています。会計規範によって規制され，制約を受けているものを制度会計とよび，会社法による会計，金融商品取引法による会計，法人税法による会計などがあります。

　本章では，会計制度について，会社法，金融商品取引法，法人税法の3つの法律による会計の違いを学習します。

❷──会社法による会計

（1）会社法と債権者保護

　会社法は，かつての商法の第2篇「会社」を中心に，いわゆる有限会社法や商法特例法を統合して，2005（平成17）年に制定され，翌年から施行された法律です（会社以外の商人についてはいまも商法に規定されています）。

　企業には「個人企業」と「共同企業」があり，会社とは「共同企業」のうち法律で定めるものであり，会社法では株式会社，合名会社，合資会社または合同会社の4種類の会社があります（会社法2条1号）。これらのうち，会計制度に関しては，特に**株式会社**が重要となります。株式会社が発展してきた理由の1つに，持分（株式）の細分化により多額の資金調達が可能になったことがあげられます。

　株式会社には社員がいます。法律上の社員は従業員の意味ではなく，**株主**です。株主とは，会社に出資し，出資に応じて株式という社員の権利を有する者をいいます。株主ひとりひとりが出資できる額には違いがありますが，細分化により資金力と余裕に応じて少額でも出資できるため，株式会社には多額の資金が集まるようになりました。その際に重要であったのが**株主有限責任の原則**です。株主有限責任の原則とは，「株主の責任は，その有する株式の引受価額を限度とする」（会社法104条）というものです。株主は引き受けた分の履行を

すればよく，会社に不祥事のようなことが生じても，出資した額以上の責任を負わずに済みます。同じ会社でも，合名会社の社員は，会社がその資金や財産で債務が返済できなくなったら社員個人の財産で債権者に返済しなければなりません（会社法580条1項）。重い責任に二の足を踏む人でも，責任に限度があるなら出資してあげてもいいな，と資金を拠出できるようにしているのが株式会社なのです。

ただし，株主にとっての株主有限責任はとてもありがたいものですが，何かあっても会社の本来の所有者であるはずの株主が出資額以上の責任をとってくれないとなると，債権者にとっては心穏やかではありません。このため，会社法では債権者を保護する必要があります。

さらに，株主と経営者の間でも考えてみましょう。株式会社では，株主から調達した資金を元に，株主から経営を委託された経営者が事業を行っています。経営を受託した経営者は株主に対して受託者責任（stewardship）を負っています。経営者は，株主から受託者責任の一環として，会社の経営活動にともなう計算について記録し，まとめたものを株主総会に提出して報告し，株主総会の承認を得ることで**説明責任**（accountability）を解除してもらいます。ただし，一般に，「経営者は責任を果たせ」といわれるようなときには，説明責任ではなくresponsibilityの意味で用いられることが多いようです。形容詞をつけなければ日本語では全部「責任」とよばれているのでわかりにくいのですが，それらの意味するところは異なります。

たとえば，昼休みに，友達が出かけるので，ついでにペットボトル飲料を買ってきて欲しいと500円硬貨を渡したとします。

> ① 友人は，ラウンジの自動販売機で120円で購入したといって，ペットボトル飲料とお釣り380円を渡してくれた。

これは，問題がないように思えるでしょうか。ここで，実は友人が大学生協で88円で購入し，差額32円を自分のお駄賃にと勝手にもらっていたらどうでしょう。友人は確かにペットボトル飲料を買ってくれましたのでお使いの責任は果たしました。しかし，500円硬貨の使いみちの説明は誤っています。

②　友人は，途中でクレープの屋台を見つけ，預かっていた500円でクレープを
　食べてしまったといって，クレープのレシートだけを渡してくれた。

　本当に食べていて，レシートという証拠もあるのなら，500円硬貨の使いみ
ちの説明は正しいことになります。しかし，友人は頼まれたペットボトル飲料
を買ってきてくれませんでしたので，お使いの責任は果たしていません。「500
円を返せ」と，友人に文句をいいたくならないでしょうか。
　これが株式会社であれば，株主は，①のように説明が誤っているときには，
適切な説明をするまで経営者の説明責任を解除してあげず，株主総会で決算を
確定させないことが可能ですし，②のように経営者が受託者責任を遂行してい
ないときには，損害賠償させることが可能です。
　会計上，説明が必要であり，それを法も求めていることが理解できたでしょ
うか（会計報告と会社法は密接な関連がありますので，詳しく学習したい人は，ぜ
ひ参考文献にあがっている会社法のテキストで事後学習をしてください）。

（2）計算関係書類

　会社の計算について，会社法（その他，会社法施行規則・会社計算規則）では，
株式会社は，適時に，正確な会計帳簿を作成しなければならないと規定されて
います（会社法432条1項）。**計算書類**や**計算関係書類**とよばれる会計に関する

報告書を作成します。

　これらは**会社計算規則**に基づいて作成されますが，会社計算規則は，企業会計の計算のルールそのものは規定していません。「株式会社の会計は，一般に公正妥当と認められる企業会計の慣行に従うものとする」とされているためです（会社法431条）。「一般に公正妥当と認められる企業会計の慣行」は，金融商品取引法（旧証券取引法）の表現に由来しており，会計のルールは金融商品取引法と同じものを用いているといえます。

コラム❾　　会計に関する報告書の名称

　細かいことですが，会計に関する報告書のことを，会社法などでは「計算書類」とよびます。会社法で作成が求められているものは，成立の日における貸借対照表，各事業年度に係る計算書類（貸借対照表，損益計算書，株主資本等変動計算書，個別注記表）と事業報告および附属明細書などです（会社法435条1項2項，会社計算規則59条1項）。

　会計に関する報告書は，次節で学ぶ金融商品取引法では「財務計算に関する書類」，内閣府令である財務諸表等規則などでは「財務諸表」といいます。会社法の「附属明細書」が財務諸表等規則では「附属明細表」であったりと，用語が若干異なります。本章はテキストとして法律の制度を扱っているので，以後は法律ごとにこれらの用語を使い分けて説明していきます。

　その他には，大会社のうち，次節で学習する金融商品取引法24条1項1号の規定に該当するいわゆる上場会社のような会社は，子会社も含めた企業集団での計算書類の作成も求められています。これらを連結計算書類といいます（会社法444条3項）。計算書類と附属明細書と連結計算書類をあわせて，会社法では計算関係書類といいます。

　株式会社では，計算書類の中でも財務諸表のようなものは，監査役などの監査を受けてから株主総会に提出され，承認を得ることになります（会社法436条1項2項，会社法施行規則105条，会社計算規則122条など）。学習がすすんだら，承認特則規定も学んでみましょう。

　さて，計算書類のうちには，会社法になってから作成が義務づけられたものがあります。それは**株主資本等変動計算書**といって，資本金などの純資産の変動を表したものです。これがなぜ必要になるのか，株式会社で考える前に，本章最初のXさんの例に戻ってみましょう。この例で結局Xさんは貸してくれるという人たちからお金を借り，投資してくれるという人たちからも投資しても

らったとします。貸してくれた人の中には，貸すのをためらった人もいました。しかし，Ｘさんが10分の１オンスのメープルリーフ金貨を持っていることがわかったので，返済できないときにはそれを売却して返してもらえばよいと思い，安心してＸさんにお金を貸しました。

Ｘさんは途中で損をしながらも，追加の資金投入で乗り切り，なんとか運用して利益をだしました。運用益は投資してくれた人たちにとりあえず全額配当し，いまも必死で運用に励んでいます。そのような順調なＸさんに，お金を貸した人がそろそろ返してほしいと思うようになりました。もう困っていないでしょうし，いざとなったら金貨を売ってもらえばいいし，と貸した人たちは考えました。ところが，Ｘさんに返してくれといったら，金貨はもうない，お金はすぐには返せないといってきました。Ｘさんが追加で注ぎ込んだ投資の原資は，金貨を売却したお金だったのです。この後日談について，もしあなたがＸさんにお金を貸していたらどう思うでしょうか。

今のＸさんは個人の例なので会社とは少し違いますから，株式会社の例で考えてみましょう。債権者は，株主の責任が株式の引受価額を限度とする有限責任であることを知っていますから，お金を貸すときなどには貸借対照表を読みます。保有財産の内容を資産から吟味し，他の人にも返さなければならない義務を負債から分析し，特に株主の責任の限界である資本金などが書いてある純資産をじっくりと目を皿にして読みました。そして，これだけの資産と資本金があるのだから大丈夫に違いないと思って貸しました。

ところが，会社は，資産を売却したものの業績が回復せず，会社法の規定に違反して債権者にだまって資本金を減らして配当に充てていたとしましょう。配当してくれるというので，株主たちは喜んでいます。しかし，価値ある財産も資本金もほとんどなくなって会社が倒産するまで，債権者には何も知らされていなかったらどうでしょうか。

これでは債権者は困ります。資産を売却するという行為それ自体は会社の自由意思であり，経営活動の一環ですから，多額で重要な財産でなければ問題はありません（担保が設定されていれば，債権者は法律により回収する手段があります）。しかし，配当可能な剰余金がないときに，勝手に資本金を減らして配当するのは，株主有限責任の下では大問題です。株主が責任をとらないこともあ

る（会社法463条１項）からです。

　かつての商法では，株式会社の最低資本金が規定されており，また利益からの配当についても決算の確定と結びついていました。しかし，現行の会社法では資本金が１円でも株式会社として成り立ち，分配可能限度額は規定されているものの（会社法461条など），配当は何度でもできます。このため，現行の会社法の制度の下では，株式会社は，貸借対照表や損益計算書に加え，純資産の部の変動，つまり資本金や剰余金の配当などの変動を表示した株主資本等変動計算書を作成することも求められているのです。

（3）公　　告

　計算書類の作成の他にも，株式会社には決算公告が求められます（公告は合併や解散，資本金の減少のときなどにも必要です）。決算公告は会社の規模により報告すべき内容が異なりますが，どんな小さな株式会社でも，貸借対照表またはその要旨の公告は必要です（会社法440条１項２項）。官報，日刊新聞紙，電子公告の３種類があり（会社法939条１項），怠ったり不正な公告をしたら罰金として100万円以下の過料が規定されています（会社法976条）。

　といっても，残念ながら実際には公告をしていない会社が相当数あります。2004（平成16）年に，株式会社プリンスホテルが30年以上にわたって公告をしていなかったことが報道されました。次節で学ぶ金融商品取引法の制度では，開示しなかった場合に刑事罰や課徴金という行政処分が規定されており，課徴金の国庫納付命令の多くは会社法より多額です（金融商品取引法172条の３第１項など）。次節ではここまでの会社法との違いを意識しながら，金融商品取引法による会計を学んでみましょう。

❸──金融商品取引法による会計

（1）金融商品取引法と投資者保護

　株式会社では，株主有限責任と引き換えに，債権者を保護するため，原則として会社存続中の出資の払戻しができません。株主が投下資本を回収しようと

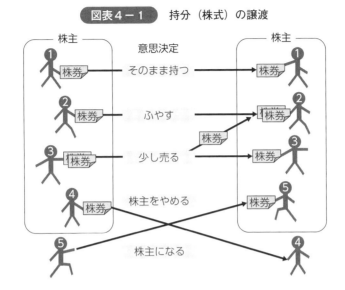

図表4−1　持分（株式）の譲渡

した場合，その手段は，原則として持分（株式）の譲渡に限られます。

　金融商品取引法が適用されるいわゆる上場会社では所有と経営が分離していることがほとんどですから，たくさんの株式を所有していないと，株主は経営に口を挟むこともできません。株主は，株式をそのまま保有する，追加で購入する，株主総会その他の手段を用いても満足できなければ売却するという意思決定くらいしかできません。その一方で，発行可能な株式総数が会社法で定められているため，会社が新規に株式を発行しない場合，新しく株主になりたいと思っても，誰かがすでに持っている株式を譲ってくれなければ株主にはなれません（**図表4−1**）。

　金融商品取引法の会計制度にとっては，投資者に有用な情報を提供し，そしてそれが投資意思決定に利用できるか否かが，重要な目的となります。投資者がだまされずに意思決定できるように，会社には財務に関する書類を開示させます。

　金融商品取引法は，アメリカの1933年連邦証券法と1934年連邦証券取引所法をもとにしています。これらは，1929年のニューヨーク市場に端を発する大恐慌の後，アメリカ合衆国第32代大統領フランクリン・ローズヴェルト（ルーズ

ベルト）の公約の1つでもある資本市場の整備の一環として制定されました。恐慌後の国民経済の健全な発展という公益のため，本来自由なはずの証券市場に規制がかけられました。投資者を保護するために会計情報などの間接開示が強制されたのです。株式会社が証券市場で資金調達をできるように，もっと有り体にいえばアメリカ証券市場で再び投資してもらえるにはどうしたらよいか，それが当時の経済にとって重要でした。

　投資者が財務諸表を見ていなかったとか理解する会計力がなかったとかは投資者本人の責任ですが，投資者に自己責任を負わせる前に，まず会社に財務に関して重要な虚偽記載のない情報を開示させる必要があると考えられました。経営者と投資者（現在株主や潜在株主）の間の情報は非対称ですので，放っておくと経済学で勉強するレモン市場のようなことになります。嘘もいうし，だまそうとするし，必要な情報をださなかったりする会社もあるのです。このため，疑心暗鬼にならないよう，財務諸表には独立した専門家による監査報告書が添付され，監査済財務諸表として開示されています。監査報告書は，開示されている財務に関する書類である財務諸表が「使えるかどうか」なので，監査報告書で適正意見が付されていたとしても，重要ではないと思われる部分もあわせてすべてが正しいわけではなく，ましてや会社の「健康診断書」ではありません。

コラム⑩　　レモン市場

　「レモン市場」は，情報の非対称性についての，アメリカの経済学者ジョージ・アカロフが発表した1970年の論文で知られています。レモンは皮が厚いので，切ってみるまで中身がわかりません。同じように，中古車も見かけだけでは中身や品質がわかりません。大事故を修理した後でブレーキが踏みづらいとか，実は走行メーターを逆回ししてそれほど使っていないようにみせかけているとか，売る側はそのような悪いことも知っていますが，買う側には外見しかわかりません。アメリカでは，買い手の無知につけこんで販売する低品質の中古車のことをレモンとよんでいますが，そこで「見抜ける人でないとむずかしい」などといっていると，ばからしくて市場では優良な車が売られなくなり，悪い車だけが出回るようになってしまいます。

　証券市場では，レモンな会社は会計監査で明らかにされる想定をしています。会社側でも粉飾などしていないと保証してもらうために，高い報酬を支払って監査を頼んでいます。くわしくは第7章の会計監査の章で学びます。

　アカロフは，この論文をもとに2001年にノーベル経済学賞を受賞しています。経済学，経営学や法律学など，多方面の分野を知ると，より深く会計を理解できるようになります。

（2）財務計算に関する書類

　1948（昭和23）年，アメリカの連邦証券法と連邦証券取引所法をモデルとして，GHQ主導により，日本でも証券取引法（金融商品取引法の旧名です）が制定されました。金融商品取引法（その他財務諸表等規則などの内閣府令）では，会社は，「一般に公正妥当であると認められる」会計に基づいて財務計算に関する書類を作成し，内閣総理大臣に提出することが求められます（193条）。金融商品取引法における財務計算に関する書類は，会社法と同じような書類が多いのですが，**キャッシュ・フロー計算書**が増えます。さらには，1977（昭和52）年から，グループ単位で連結して**連結財務諸表**を報告することが求められています（1999（平成11）年からは連結が主，個別が従とされています）。2008（平成20）年からは3カ月ごとに**四半期連結財務諸表**とよばれる適時開示も必要となっています（金融商品取引法24条の4の7など）。

　少し前まで，わが国の会計は，ドイツに由来する商法とアメリカに由来する証券取引法とで，世界的にも珍しい二重構造となっていました（これに次節の税法を加えて「トライアングル体制」とよばれていました）。もっとも，近年，会社法と金融商品取引法では，開示する範囲や注記情報の範囲が異なるものの，会計規定上は大きな違いがなくなってきています。

コラム⓫　国際会計基準（国際財務報告基準）

　学習がすすんだら，関心がある会社だけでなく，会計基準の違いで比較してみましょう。日本の金融商品取引所で上場している会社は，2022年現在，日本基準，IFRS（国際財務報告基準），アメリカ会計基準，JMIS（修正国際基準，正式名称は，国際会計基準と企業会計基準委員会による修正会計基準によって構成される会計基準）の4つの会計基準から選択できます。

　2021年9月現在で上場している約3,900社の会社のうち，多くは日本基準を採用していますが，約240社がIFRS（国際財務報告基準），11社がアメリカ会計基準を適用しています。

（3）開　　示

　本章冒頭のＸさんの例では，お金を貸す人はＸさんの返済能力や安全性を知りたいですし，投資をする人は成長性や収益性に関する情報も知りたいのでした。会社の投資者も，意思決定にあたり，会社に多くの情報を求めています。ただし，投資意思決定に有用だからといって何でも企業に開示させるともっと大きな問題が生じます。ただでさえ，経営者の主張である財務諸表には，経営者の見積りなどの不確実な数値を含んでいます。根拠のない予測情報が飛び交うと混乱します。好き勝手な形式で開示されては，他社との比較ができません。ですから，財務に関する書類は，すべての企業で統一された形式で開示されます。会社法では小会社の公告は貸借対照表の要旨のみでよいですし，公告をしていない会社も実際には存在していますが，金融商品取引法で有価証券報告書等を開示せずに放置していたら5年以下の懲役もしくは500万円以下の罰金または併科（金融商品取引法197条の2第5号），課徴金の国庫納付命令（たとえば，金融商品取引法207条1項2号では法人に5億円以下の罰金）が科せられるとされています。実際には課徴金納付となりますが，開示しないでばれずに済ますことはできず，不開示も提出遅延も明らかにされてしまいます。この違いは，債権者保護と投資者保護の違いだけではなく，金融商品取引法が基にしている連邦証券諸法が，資本市場の整備のために作られてきたという立法趣旨に由来しています。

　現在，貸借対照表などの財務に関する書類が記載されている有価証券届出書や有価証券報告書などは，企業が内閣総理大臣に提出した後，財務局や金融商品取引所に保管され，誰でも閲覧することができるようなっています（金融商品取引法25条1項など）。金融庁のEDINETとよばれる電子開示システムにより，インターネットからも閲覧できます。

　なお，イギリスでは会社法の年次報告書で戦略報告書（Strategic Report）の作成が義務づけられていますが，わが国では金融商品取引法における有価証券報告書で事業のリスク等の開示が義務づけられています。2020年3月期からは，経営環境や事業上のリスクの情報開示も拡充されています。

> **コラム⓬　　EDINET**
>
> 　EDINETとは，Electronic Disclosure for Investors' NETworkの頭文字をとった
> もので，「エディネット」と発音します。金融商品取引法で開示が必要な文書は，
> この電子情報開示システム（金融庁所管）によって，インターネットで誰でも無料
> で閲覧できるようになっています（https://disclosure.edinet-fsa.go.jp）。
>
> 　EDINETでの開示文書は，財務情報だけではありません。たとえば『有価証券報
> 告書』の前半には，企業の概況や事業の状況が開示されています。「従業員の状況」
> だと，平均年収，平均年齢，平均勤続年数，従業員数まで載っています。わが国で
> は年功序列制度が崩壊しつつありますが，ある程度の入社後の未来が想像できます。
> 「経営方針，経営環境及び対処すべき課題等」「事業等のリスク」なども開示されて
> います。会社法の官報公告と比べてみると，はるかに多くの情報があります。
>
> 　EDINETで気になる会社を検索してみてください。ただし，企業名は一部でもよ
> いものの正確に入力する必要があります。たとえば「ユニクロ」と入力すると，「該
> 当するデータが存在しません」と表示されます（2022年現在）。ユニクロは，株式
> 会社ファーストリテイリングの商標で，店舗名やブランド名として用いられていま
> すが，正式な企業名ではありません。
>
> 　また，金融商品取引法会計制度では連結が重視されていることをふまえて子会社
> を含めて眺めると面白いかもしれません。すき家となか卯は同じゼンショーホール
> ディングスグループだったり，吉野家ホールディングスがはなまるうどんを子会社
> にしていたりします（いずれも2022年現在）。
>
> 　EDINETは調べたい企業名を入力しないと情報を得られませんから，会社との新
> しい出会いや偶然の発見を求める人には，『四季報』などの紙媒体がおすすめです。

❹—法人税法による会計

（1）日本の歳入と法人税

　税務署は，利益が出ていなくて，税金を納める能力（担税力）のないところ
からは取りません。課税の公平を原則とした，税には税の，税法には税法の考
え方があるのです。わが国では，法人税に限らず，**租税法律主義**により，法律
や法律の定める条件によらなければ，新たに租税を課したり，現行の租税を変
更することはできません（日本国憲法84条）。たとえば，法人の所得の計算では，
法人税法その他関連する法令や通達，課税上減免する必要がある場合などは租

税特別措置法その他の関係法令で細かく規定されています。

　法人税は国税の１つであり，地方公共団体や独立行政法人などの公共法人以外の内国法人と，国内源泉所得を得た外国法人が納税する税です。

　現在は**申告納税**方式が採られています。これは，納税者である会社が帳簿を記入して保存し，所得を計算し，自主的に税務署に申告して税金を納めるシステムです。会社は，利益が出れば税金を納めます。一般には税金は取られる気がするかもしれませんが，税金は「納める」ものなのです。その際，会社に任せたままでは，何とか納めずに済む方法はないかと脱税をしてしまう会社とか，脱税でなくともわざと納税額を少なくするような会計処理を行う会社がでてくるので，税務署は時々調査をします。

　前節で学習した金融商品取引法における財務諸表では，虚偽といってもいわゆる粉飾決算，つまり何とかよく見せたいという利益の過大計上が多いのですが，粉飾決算ならその分多く納税してくれるから税務署は歓迎するわけではありません。後に，多く払ったから返してくれといいだす会社もあるからです。税務署長に申し出て過剰に納めた税金を返してもらうことを更正といいます（単に計算を間違えたときは国税通則法24条，粉飾決算のような仮装経理のときは法人税法70条の特例を受けます）。仮装経理の場合は，ただちに減額還付してもらえるわけではなく，いろいろな手続をして，最長５年をかけて法人税額と相殺されていくことになります。

　法人税は，わが国の重要な収入源（歳入）ですから，会社が都合よく計算したり，費用を増やして利益を減らそうと無駄遣いされたりしては困るのです。このため，法人税法では，税法上の費用である**損金**として認めるかどうかを決める（会計上の費用を法人税法上は損金と認めない）規定が数多くあります。

（2）所得の計算と申告書

　会社法や金融商品取引法で会社が計上している利益は，収益から費用を引いて算出していますが，法人税における所得の金額は，法人税法22条２項の**益金**の額から同３項の**損金**の額を控除して計算します。ただし，１から計算するのは大変ですので，企業会計上の当期純利益から加算・減算をして計算していきます。

　加算には益金算入・損金不算入, 減算には益金不算入・損金算入があります。つまり, 会計上は収益として計上されていないけれど税法上は益金とされるものと, 会計上は費用に計上されているけれど税法上は損金として認めないものを加え, 会計上は収益として計上しているけれど税法上は益金として認めないでくれるものと, 会計上は費用に計上していないけれど税法上で損金にしてくれるものを減らして計算されます。このような計算の中には, 「課税の繰延べ」に過ぎない一時的なもの, つまり最終的には会計上の計算と同じになるものもあります。課税の公平のためという, 税法の論理があり, 細かく規定されていると理解しておきましょう。

　参考までに, 企業会計上の損益計算書と, 法人税申告書で加算欄に記入する益金算入・損金不算入, 減算欄に記入する益金不算入・損金算入の関係を簡単に示しておきます (**図表4-2**)。

図表4-2　法人税申告書での所得の計算

企業会計の損益計算書

法人税申告書

法人税額の計算へ

　なお, 法人税法による会計制度を理解する上で重要となるのが, **確定決算主義**です。法人税の申告書は, 会社で確定した決算の計算書類に基づいて提出することが義務づけられており (法人税法74条1項), 第2節で学習した会社法の計算書類と密接な関連があります。決算は, 会社法では株主総会の承認 (438条2項), 特則に該当していれば報告によって確定することになります。

　このため, 中小企業では, 申告書作成の手間を省くために, 会計上の利益計

算の段階から税法に準拠するところも多く，法人税法が会計計算に重要な影響力を持っています。

❺──複数の会計制度が存在する理由

　会計制度の違いは，法律の趣旨や目的の違いによるものです。最初に学んだ会社法は，主に債権者の保護，利害関係の調整を目的としています。計算関係書類は，すでにお金を貸していたり，すでに株主になっている人に向けて作成されており，報告と公告も必要です。

　次に学んだ金融商品取引法は，証券市場に資する範囲で投資者の保護を目的としています。財務計算に関する書類は，すでに投資している人以外に，これから投資する人（してもいいと思っている人）も含みます。広く考えれば，公益のために，国と国民等一般に向けて作成されており，それらは誰でも閲覧できることが重要であり，そのために開示されます。

　そして，最後に学んだ法人税法は，国の歳入の1つとして，担税力に応じた適正で公平な課税を目的としています。大企業だけではなく，法人税の対象となるすべての法人がこの法律の影響を受けています。税金の申告書を作成するには専門知識も必要であるため，法人を代行して申告書の作成を行える**税理士**という資格もあります。これについては第13章で説明します。

　たとえ元となる会計帳簿は同じでも，それぞれの法律で会計制度が規定されており，その制度に基づいて作成される会計報告書や所得の計算書もそれぞれ異なるのです。

参考文献 ─────────────────────

伊藤靖史・大杉謙一・田中亘・松井秀征『会社法（第5版）』有斐閣，2021年。

神田秀樹『会社法（第23版）』弘文堂，2021年。

黒沼悦郎『金融商品取引法入門（第8版）』日本経済新聞出版（日経文庫），2022年。

黒沼悦郎『金融商品取引法（第2版）』有斐閣，2020年。

　▷いずれも法律学の立場から書かれた会社法または金融商品取引法のテキストです。

野口昌良・清水泰洋・中村恒彦・本間正人・北浦貴士編『会計のヒストリー80』中央経済社，
　2020年。

　▷本書は歴史の観点から会計の各分野の話題をとり上げていますが，会計制度を学ぶ上で
　　も参考になります。

第5章　財務会計

❶—財務会計の役割

　会社を主体とした企業会計は，会計情報の報告対象と報告目的の違いにより求められる内容が異なり，**財務会計**（financial accounting）と**管理会計**（managerial accounting）に大別されます。

　本章では財務会計について学習しますが，財務会計には，外部の利害関係者に対して，会社に必要な資金を調達するために意思決定に有効な情報を提供するという目的と，説明責任を遂行するために情報を提供するという目的があります。

　また，第8章で学習する管理会計には，内部の利害関係者に対して，会社の経営管理に役立つ情報を提供するという目的があります。

コラム⓭　　人的資源の情報

　図表5−1は，プロ野球球団を保有，野球競技の運営，野球等スポーツ施設等の経営・管理等の事業を行う福岡ソフトバンクホークス株式会社の第52期決算公告です。

　プロ野球球団に所属するプロ野球選手のような人的資源に関する会計情報は，外部の利害関係者にとって，その意思決定のためにあると便利ですが，貸借対照表の資産の部には含められていません。

　しかしながら，過去の歴史を鑑みると，たとえば，以前は会社の内部でのみ利用され，簿記を基に作成されていないような管理会計情報が，少しずつ財務会計情報として加わってきています。たとえば，今の時代において財務諸表という観点で見るとまだまだ公開されていない情報もありますが，財務会計の情報としてみる場合

58

には必要とされるものもあり，将来はさらに加わる可能性を秘めています。

図表5−1 福岡ソフトバンクホークス株式会社の第52期決算公告

第 52 期 決 算 公 告

令和2年6月12日

福岡市中央区地行浜二丁目2番2号
福岡ソフトバンクホークス株式会社
代表取締役社長　後藤　芳光

貸借対照表の要旨（令和2年2月29日現在）（単位：百万円）

資 産 の 部		負債及び純資産の部	
流 動 資 産	4,917	流 動 負 債	16,020
固 定 資 産	106,674	（賞与引当金）	(262)
		固 定 負 債	69,943
		負 債 合 計	**85,964**
		株 主 資 本	25,627
		資 本 金	100
		資 本 剰 余 金	16,714
		その他資本剰余金	16,714
		利 益 剰 余 金	8,812
		その他利益剰余金	8,812
		純 資 産 合 計	**25,627**
資 産 合 計	111,591	負債・純資産合計	111,591

損益計算書の要旨
（自　平成31年3月1日）
（至　令和2年2月29日）
（単位：百万円）

科　　目	金　額
売 上 高	32,493
売 上 原 価	16,254
売 上 総 利 益	16,238
販売費及び一般管理費	12,730
営 業 利 益	3,507
営 業 外 収 益	60
営 業 外 費 用	1,560
経 常 利 益	2,008
税引前当期純利益	2,008
法人税、住民税及び事業税	1,108
法人税等調整額	362
当 期 純 利 益	537

（出所）官報令和2年6月12日号外第116号，247頁。

❷—会社の利害関係者

　会社にはさまざまな**利害関係者**が存在します。**図表5−2**は，会社の主な利害関係者を例示したものです。経営者や従業員は内部の利害関係者ですが，株主や潜在的投資家，取引先，債権者，国・地方自治体などは外部の利害関係者となります。

　会社の主な利害関係者の立場や関心事を整理すると，以下のようになります。

　経営者は，会社を経営している人です。会社はどのくらい儲かっていて，もっと儲かるにはどうすればよいかということに関心があり，その意思決定のために会計情報を必要としています。

　従業員は，会社に雇われて働いている人たちです。会社はどのくらい儲かっていて，それに見合う賃金はきちんと支払われているかということに関心があり，その意思決定のために会計情報を必要としています。

　株主は，会社の株式を所有している人たちです。会社はどのくらい儲かって

いて，配当はきちんとなされているかということに関心があり，その意思決定のために会計情報を必要としています。

　潜在的投資家は，会社の株式や社債の購入を検討している人たちです。会社はどのくらい儲かっていて，投資をしたら将来どのくらい儲かるかということに関心があり，その意思決定のために会計情報を必要としています。

図表5−2　　会社の主な利害関係者

　取引先は，会社に原材料や商品，製品を提供している人たちです。会社はどのくらい儲かっていて，掛け代金をきちんと返済してくれるかということに関心があり，その意思決定のために会計情報を必要としています。

　債権者は，会社に資金を融資している人たちです。会社はどのくらい儲かっていて，元本をきちんと返済してくれるか，利息をきちんと支払ってくれるかということに関心があり，その意思決定のために会計情報を必要としています。

　国・地方自治体は，会社から税金を徴収します。会社はどのくらい儲かっていて，税金をきちんと納めてくれるかということに関心があり，その意思決定のために会計情報を必要としています。

　その他，地域住民や地域コミュニティーなども利害関係者であり，会社が儲けるだけでなく社会的責任をきちんと果たしているかということに関心があり，

その意思決定のために会計情報を必要としています。

　以上のように利害関係者の立場や関心事は多岐にわたりますが，それぞれが意思決定のために会計情報を必要としている点は共通しています。すなわち，会計情報は利害関係者の意思決定のための**情報提供機能**を有しているのです。

　第4章では外部の利害関係者同士である株主と債権者の関係について学びましたが，ここでは，内部の利害関係者である経営者と外部の利害関係者の関係について，株式会社を前提として話をします。

　たとえば，経営者と株主の関係について，経営者は会社の儲けを株主への配当に充てるのではなく会社内部に留めておいて規模拡大のための資金にしたいと思いますが，株主は会社の儲けを会社内部に留めておくのではなく株主への配当に充ててほしいと望みます。

　経営者と国・地方自治体の関係について，経営者は会社の儲けに対して課税される額を少なくしたいと思いますが，国・地方自治体は会社の儲けに対してきちんと課税しようとします。

　このように，さまざまな利害関係者は会社の儲けをめぐって会社の内外問わず別の利害関係者と対立する関係にありますが，会計情報はそれらの**利害調整機能**を果たしているのです。

　図表5-2では，会社の主な利害関係者を例示しましたが，たとえば，経営者と従業員の関係，株主と潜在的投資家の関係，取引先と国・地方自治体の関係など，どのような利害が対立しているか，皆さんも考えてみてください。

❸—会計公準と企業会計原則

　会計には基礎となる前提条件が必要となります。**会計公準**とよばれるもので，代表的なものとして，企業実体の公準，継続企業の公準，貨幣的測定の公準，の3つが挙げられます。

① **企業実体の公準**：会社そのものが独立した実体を持つものとして，会社の所有者である株主とは分離して捉えるというものです。
② **継続企業の公準**：会社は永続的に経営活動を続けるものとして，会計期間を

区切って期間損益計算を行い，経営成績や財政状態を明らかにするというもの
です。

③　**貨幣的測定の公準**：すべての取引は同質的な貨幣額によって行うというもの
です。

これら3つの会計公準が前提となり，会計制度が形成され，会計実務が行われています。

また，会計における憲法的な存在として**企業会計原則**があります。会計の実務における慣習として形成されたものの中から，一般に公正妥当と認められたものを要約したもので，法令による強制力はありませんが，会社が会計処理を行う際に従わねばならないとされる基準です。一般原則，損益計算書原則，貸借対照表原則，の3つの原則と，補足説明である企業会計原則注解で構成されています。

一般原則は，①真実性の原則，②正規の簿記の原則，③資本取引・損益取引区分の原則，④明瞭性の原則，⑤継続性の原則，⑥保守主義の原則，⑦単一性の原則，の7つの原則で構成されており，損益計算書原則と貸借対照表原則に共通する諸原則を要約したものとなっています。

損益計算書原則は損益計算書に関する基準であり，発生主義の原則，総額主義の原則，費用収益対応の原則などが含まれています。

貸借対照表原則は貸借対照表に関する基準であり，資産・負債・資本の記載の基準，総額主義の原則，科目の分類原則などが含まれています。

❹─会社法と金融商品取引法の違い

さまざまな利害関係者が必要としている会計情報について，情報の信頼性を担保するためには一定の制度が必要となります。第4章で学習したように，会社の会計に関する制度として，会社法と金融商品取引法，法人税法がありますが，財務会計は外部の利害関係者に向けた会計情報ですので，それぞれの制度の目的の違いと，どのような利害関係者を保護対象とするかにより，必要とさ

れる開示内容は変わってきます。

　たとえば，会社法は，内部の利害関係者である経営者と外部の利害関係者である株主との利害調整，また，外部の利害関係者である債権者の保護を目的として作られた制度であり，事業を行うすべての会社に適用されています。そのため，会社法においては，貸借対照表，損益計算書，株主資本等変動計算書，個別注記表の作成が求められており，これらは**計算書類**とよばれています。

　一方で，金融商品取引法は，外部の利害関係者である潜在的投資家の保護を目的として作られた制度であり，金融商品取引所に上場している会社など譲渡制限のない株式を発行している公開会社に適用されています。

　潜在的投資家はこれから会社の株式や社債の購入を検討している人たちなので，会社が今どれだけの財産を持っているかという情報よりも，この会社に投資したら将来どのくらい儲かるかという将来キャッシュ・フローのような予測の情報を得ることを求めています。

　伝統的には「いくらで買ったか」という**歴史的原価**が重視されてきましたが，近年は「今現在いくらか」という**時価**，あるいはその時価を計算する際に将来キャッシュ・フローを重視した時価会計が重視されるようになってきました。そのため，金融商品取引法においては，貸借対照表，損益計算書，株主資本等変動計算書，キャッシュ・フロー計算書，附属明細表の作成が求められており，これらは**財務諸表**とよばれています。国際的にも，IFRS（国際財務報告基準）では将来情報，あるいは時価が積極的にとり入れられるようになっています。

　以上のように，会社法と金融商品取引法とでは保護対象とする利害関係者が

異なるので，作成が求められる会計書類の種類も異なり，その名称も異なっているのです。

　これらを整理すると**図表5－3**となりますが，金融商品取引法における財務諸表には，会社法における計算書類には作成が求められていないキャッシュ・フロー計算書が含まれていることに特徴があります。

図表5－3　法の違いによる財務諸表の構成一覧

会社法による計算書類	金融商品取引法による財務諸表
貸借対照表	貸借対照表
損益計算書	損益計算書
株主資本等変動計算書	株主資本等変動計算書
	キャッシュ・フロー計算書
個別注記表	附属明細表

❺—貸借対照表の構成要素

　金融商品取引法の下において，会社は，財務諸表を作成して開示しています。財務諸表は，企業の財政状態や経営成績を表した会計情報であり，会社の経済活動を知る上で欠かすことのできない情報源となっています。

　貸借対照表は，決算日時点における会社の**財政状態**を示しています。第3章で学習したように，貸借対照表は**資産の部・負債の部・純資産の部**の3要素で構成されます。

　貸借対照表の様式には報告式と勘定式がありますが，ここでは勘定式を用いて学習します（**図表5－4**）。

　第3章で学習しましたが，左側を「借方」，右側を「貸方」とよびます。貸借対照表の「貸方」に表示される負債の部と純資産の部は，会社がどのように資金を調達したかという調達源泉を意味し，他人から借りた場合は負債，自分で調達した場合は純資産となります。また，貸借対照表の「借方」に表示される資産の部は，会社がどのように資金を運用しているかという運用状態を意味します。

　それぞれの分類について，まず，資産の部は，会社が所有する財産および法

図表5－4 貸借対照表（勘定式）

貸借対照表

資産の部			負債の部		
Ⅰ 流動資産			Ⅰ 流動負債		
現金預金		○○	支払手形		○○
受取手形	○○		買掛金		○○
売掛金	○○		短期借入金		○○
計	○○		流動負債合計		○○
貸倒引当金	○○	○○	Ⅱ 固定負債		
有価証券		○○	長期借入金		○○
商品		○○	固定負債合計		○○
流動資産合計		○○	負債合計		○○
Ⅱ 固定資産					
1．有形固定資産			**純資産の部**		
建物	○○		Ⅰ 株主資本		
減価償却累計額	○○	○○	1．資本金		○○
備品	○○		2．資本剰余金		
減価償却累計額	○○	○○	（1）資本準備金	○○	
土地		○○	（2）その他資本剰余金	○○	○○
有形固定資産合計		○○	3．利益剰余金		
2．無形固定資産			（1）利益準備金	○○	
のれん		○○	（2）その他利益剰余金	○○	○○
無形固定資産合計		○○	株主資本合計		○○
3．投資その他の資産			Ⅱ 評価・換算差額等		
長期性預金		○○	その他有価証券評価差額金		○○
投資その他の資産合計		○○	評価・換算差額等合計		○○
固定資産合計		○○	純資産合計		○○
資産合計		○○	負債及び純資産合計		○○

的権利等であり，**流動資産**と**固定資産**，**繰延資産**の3つに分類されます。一方で，負債の部は，いずれ返済しなければならないものであり，**流動負債**と**固定負債**の2つに分類されます。また，純資産の部は，返済しなくてよいものであり，**株主資本**と**評価・換算差額**等に分類されます。

　資産の部と負債の部において，流動・固定を区別するには2つの基準があり

ます。**正常営業循環基準**（normal operating cycle basis）と **1 年基準**（one year rule）です。会社の本業において，現金から始まって，原材料の仕入，製品の製造，代金の回収，という一連の過程を正常営業循環として，原材料や仕掛品，製品，受取手形や売掛金などの売上債権，棚卸資産などが流動資産となり，買掛金や支払手形などの仕入債務は流動負債となります。

　正常営業循環基準に含まれないものは 1 年基準が適用されて，決算日の翌日から起算して 1 年以内に回収される資産は流動資産，1 年以内に支払期限の到来する負債は流動負債，決算日の翌日から起算して 1 年を超えて回収される資産は固定資産，1 年を超えて支払期限の到来する負債は固定負債となります。

　貸借対照表における資産と負債の並びの順序には一定のルールがあり，**流動性配列法**と**固定性配列法**の 2 つがあります。流動性配列法は流動性の高いものから流動性の低いものの順に配列させる方法で，逆に，固定性配列法は流動性の低いものから流動性の高いものの順に配列させる方法です。多くの企業では流動性配列法を採用していますが，広大な土地と大規模な機械設備を必要とするような電力会社やガス会社は固定資産の割合が非常に高いため，固定性配列法を採用しています。

　貸借対照表の勘定科目について，まず，資産の部では，流動資産として，現金預金，受取手形および売掛金のような売上債権，商品のような棚卸資産などが含まれます。固定資産として，建物や備品，土地のような有形固定資産のほか，ソフトウェアのような無形固定資産，1 年を超える長期性預金のような投資その他の資産が含まれます。流動資産と固定資産を足し合わせたものが資産合計となります。

　次に，負債の部について，流動負債として，支払手形や買掛金のような仕入債務，短期借入金などが含まれます。固定負債として，長期借入金などが含まれます。流動負債と固定負債を足し合わせたものが負債合計となります。また，純資産の部について，株主資本には，資本金や資本剰余金，利益剰余金などが含まれます。株主資本に評価・換算差額等を足し合わせたものが，純資産合計となります。そして，負債合計と純資産合計を足し合わせたものが負債および純資産合計となりますが，第 3 章で学習したように，負債および純資産合計は資産合計と一致します。

❻―損益計算書の構成要素

損益計算書の様式にも報告式と勘定式がありますが，ここでは報告式を用いて学習します（**図表5-5**）。

図表5-5 損益計算書（報告式）

損益計算書

Ⅰ売上高		○○
Ⅱ売上原価		
1．期首商品棚卸高	○○	
2．当期商品仕入高	○○	
合計	○○	
3．期末商品棚卸高	○○	○○
売上総利益		○○
Ⅲ販売費及び一般管理費		
1．給料	○○	
2．貸倒引当金繰入	○○	
3．減価償却費	○○	○○
営業利益		○○
Ⅳ営業外収益		
1．受取利息	○○	
2．有価証券売却益	○○	○○
Ⅴ営業外費用		
1．貸倒引当金繰入	○○	
2．有価証券評価損	○○	○○
経常利益		○○
Ⅵ特別利益		
1．固定資産売却益	○○	○○
Ⅶ特別損失		
1．固定資産売却損	○○	○○
税引前当期純利益		○○
法人税，住民税及び事業税		○○
当期純利益		○○

　損益計算書は，会社が経済活動を行うにあたって，1 年間にどれだけの費用を投じて，どれだけの収益を得たのかという**経営成績**を示しています。第 3 章で学んだように，すべての収益からすべての費用を差し引くと利益が求められますが，実際の損益計算書では，以下のように 5 段階の利益が示されます。

　売上高は，商品や製品の販売などの本業で得た収益で，**売上原価**は販売した商品や製品の原価です。売上高から売上原価を引いたものが**売上総利益**（金額がマイナスの場合は**売上純損失**）となり，粗利益ともいいます。

　ここから，本業を行うためにかかった人件費や広告宣伝費などの費用である**販売費及び一般管理費**を差し引いたものが**営業利益**（金額がマイナスの場合は**営業損失**）となり，本業で稼いだ利益のことをいいます。

　ところで，会社は，本業以外にも経常的な活動を行っています。たとえば，余剰資金を他社に貸し付けて利息を受け取ることもあれば，逆に，借入金の利息を支払うこともあります。このような本業以外の収益と費用について，営業利益から加減算すると**経常利益**（金額がマイナスの場合は**経常損失**）となります。これは経営努力の成果を示すものであり，会社の経常的な業績を判断する数値としてもっとも重視されています。

　また，会社の経常的な活動とは直接関係のない，臨時的に発生した利益や損失もありえます。たとえば，本社の移転に伴って古い自社ビルを売却するケースは臨時的であり，このような臨時的に発生した利益のことを**特別利益**といい，逆に，火災や盗難等による臨時的に発生した損失のことを**特別損失**といいます。

　経常利益に特別利益を加算して特別損失を減算すると，**税引前当期純利益**（金額がマイナスの場合は**税引前当期純損失**）となり，税金等を控除する前の 1 年間に会社がもうけた利益を意味します。

　ここからさらに税金等を控除すると最終利益である**当期純利益**（金額がマイナスの場合は**当期純損失**）となります。

| コラム⑭ | 人的資源の資産計上 |

　会社にとって大事な経営資源である「ヒト」・「モノ」・「カネ」のうち，「モノ」と「カネ」は財務諸表上，貸借対照表における資産の部に計上されていますが，「ヒト」は資産の部ではなく費用として損益計算書に計上されるのが一般的な会計処理方法です。しかしながら，昨今の英国プロサッカークラブにおいては，選手が移籍する場合に，その対価として元の所属球団に支払われる「移籍金」（選手登録権（player's registration）の歴史的原価）が無形固定資産として貸借対照表に計上されています。人的資源の潜在的能力を評価したものであり，すなわち，人的資源が資産計上されている現代の稀有な一事例としてとらえることができるのではないでしょうか。

❼—連結財務諸表

　会社は，単独１社ではなく，企業グループで経営している場合も多く，そのような場合は，個々の会計書類の他，企業グループ全体を１つの組織とみなした連結の会計書類を作成する必要があります。

　図表５－６のように，会社法による連結計算書類では，連結貸借対照表，連結損益計算書，連結株主資本等変動計算書，連結注記表の作成が求められますが，金融商品取引法による連結財務諸表では，連結貸借対照表，連結損益計算書，連結包括利益計算書，連結株主資本等変動計算書，連結キャッシュ・フロー計算書，連結附属明細表の作成が求められています。

　会社法と金融商品取引法とでは保護対象とする利害関係者が異なりますので，連結計算書類と連結財務諸表においても構成に差異があります。会社法による連結計算書類には含められていない連結包括利益計算書および連結キャッシュ・フロー計算書の作成が，金融商品取引法による連結財務諸表では求められていることに特徴があります。

図表 5 － 6　法の違いによる連結財務諸表の構成一覧

会社法による連結計算書類	金融商品取引法による連結財務諸表
連結貸借対照表	連結貸借対照表
連結損益計算書	連結損益計算書
	連結包括利益計算書
連結株主資本等変動計算書	連結株主資本等変動計算書
	連結キャッシュ・フロー計算書
連結注記表	連結附属明細表

参考文献

桜井久勝『財務会計講義（第23版）』中央経済社，2022年。

桜井久勝・須田一幸『財務会計・入門（第15版）』有斐閣アルマ，2022年。

佐藤信彦他（編著）『スタンダードテキスト財務会計論　Ⅰ基本論点編（第15版）』『同　Ⅱ応用論点編（第15版）』中央経済社，2022年。

藤井秀樹『入門財務会計（第 4 版）』中央経済社，2021年。

田中建二『財務会計入門（第 6 版）』中央経済社，2021年。

▷本章での学習をより進めるための，財務会計論のテキストは多く刊行されています。「財務諸表論」というタイトルの書籍も，同様の内容と考えてよいと思います。ここでは，近年まで版を重ねているテキストを例に挙げておきました。いずれもしばしば改訂されますので，本書を読まれているときには新版が刊行されているかもしれませんから，注意してください。

角田幸太郎『プロサッカークラブのマネジメント・コントロール・システム－オックスフォード・ユナイテッドFCの事例』同文舘出版，2020年。

▷本章のコラムでも言及した，人的資源そしてマネジメントを研究した文献です。イギリスのプロサッカークラブを事例にとったもので，現代の会計の広がりも理解できます。

第6章 原価計算

❶──原価計算がどうして必要なのか

　本書のこれまでの章でみてきた会計処理は，商品売買業（商業）をベースとしています。商品売買業は，商品を仕入れて，顧客に販売するというプロセスを踏みます。仕入れたものを加工せずにそのまま販売しているので，商品には何も手を加えていません。ここでは，リンゴを例に考えていきます。リンゴを仕入れたら，そのまま加工せずにリンゴとして販売します。70円でリンゴを仕入れ，100円の販売価格で販売したとすると，30円の利益が生じます。

　それに対して，製造業（工業）は，仕入れたものを加工して販売することになります。リンゴを仕入れ，加工して，リンゴジャムを生産している工場を想定して話を進めましょう。ここでの「加工」は，外部との取引を伴うものではありません。商品売買業には存在しない，内部活動になります。リンゴジャムは，加工する分手間がかかっているので，販売価格を決める際にはその分を加味しなければなりません。先ほどは30円の利益でしたが，加工に手間をかけた分，利益は30円より大きくしたほうがよさそうです。では，販売価格はどうしたらよいでしょうか？　この点を考えるにあたって，そもそも加工する活動にいくらのお金がかかっているのか，つまり加工にかかる原価を計算していく必要があります。原価がわからないと，利益が出るように販売価格を決定することができないからです。

　それでは，リンゴジャムの原価を考えていきましょう。リンゴジャムを作る工場には，ジャムの原材料となるリンゴが存在します。仕入れたまま未加工の

リンゴの在庫もあれば，ジャムにしようとして切っただけの状態のリンゴもあり，砂糖と一緒に煮詰めている状態のリンゴもあります。製造業は，加工作業を伴うので，工場にある「在庫」といっても状態がバラバラで，まだ商品になっていない**仕掛品**とよばれるものが含まれることになるのです。これらを加味して，どの原材料をどれだけ消費してリンゴジャムになったのかを，金額ベースで計算していく必要があります。

　工場では，リンゴをジャムに加工するために働く人がいます。たとえば，リンゴをカットする人，煮詰める人，ジャムに瓶詰めする人が働いています。彼らには，労働の対価として，工場から**賃金**を渡しています。このような，加工する人にかかる**人件費**もリンゴジャムの原価として考慮する必要があります。

　ジャムに加工するにはリンゴを煮詰める必要があります。したがって，リンゴを煮詰めるためのガスコンロが設置され，ガス代が発生します。煮詰める作業では，工場の温度が上がりがちです。そこで，この工場にはエアコンが設置されていて，工場で働く人が快適に作業できるようになっています。さらに，日が暮れてきた時間帯でも適切な明るさで作業できるように，工場にはLEDの電灯照明が整備されています。こういったガスコンロにかかるガス代や，空調設備や照明にかかる電気代もリンゴジャムの原価として確認し含めていく必要があります。

　もしこのジャム工場でリンゴジャムだけでなく，ブルーベリージャムも生産していたとしたら，リンゴジャムとブルーベリージャムの両方の製造にかかわる人の人件費や，工場全体の空調設備や工場全体を照らす照明の電気代は，どちらのジャムの原価とするべきでしょうか。このように，共通して発生する原価をどうやって製品（この場合はリンゴジャムとブルーベリージャム）に割り付けていくのかについても考えていく必要があります。

　つまり，製造業（工業）では，商品売買業とは異なる会計システムが必要になります。この役割を果たすのが，**原価計算**です。なお，原価計算は在庫として保管できないサービス業にも使用されることがありますが，本章では製造業を対象にした説明を行っていきます。

❷—原価について

（1）発生の形態による分類

　ここからは，製造原価を構成する原価要素を考えていきましょう。リンゴジャムを作るために，リンゴなどの原材料費，加工する人の賃金，ガスコンロや空調などのガス代・電気代という３つのカテゴリーが登場しました。これらのカテゴリーを，原価要素として，細かくみていきましょう。これら３つの原価要素は，消費される資源の違いに基づく発生の形態による分類といいます。

---

① **材料費**：製品製造のために消費した材料の消費高であり，次の５つの項目を挙げることができます。製品において，主な構成部分となる主要材料の消費額を示す素材費や，外部から購入した材料でそのまま部品として使われたものの消費額を示す買入部品費，補修材や塗料・接着剤といった補助的に使われる材料の消費額を示す補助材料費，糸や針，機械の油，工場の電球などの消耗品の消費額を示す工場消耗品費，工場内で短期的に消費される器具などの消費額を示す消耗工具器具備品費などを挙げることができます。

② **労務費**：製品製造のために消費した労働力の消費高です。製造現場の従業員に対する賃金や，工場長や工場事務員などに対する給料，法律で定められた健康保険料や雇用保険料のうち雇用者負担分（会社負担分）である法定福利費な

どを挙げることができます。

③ **経費**：材料費と労務費以外の原価要素で，製造に関する費用のすべてをいいます。減価償却費や，電力料，ガス代，水道料などが挙げられます。また，社員食堂・社員寮・工員用住宅・託児所など，福利施設の利用に関する会社負担額を示す，福利施設負担額も経費に該当します。

したがって，原材料としてのリンゴは材料費，加工する人の賃金は労務費，ガスコンロや空調などのガス代・電気代は経費として分類されます。

（2）配賦との関連による分類

発生の形態による分類とは異なる観点から，原価を分類してみましょう。リンゴジャムを作るためのリンゴは，リンゴジャムという製品に対してその消費量を直接計算することができます。その一方で，投入され消費された量や大きさを，リンゴジャムという製品に対して直接計算することができないものもあります。たとえば，リンゴジャムとブルーベリージャムの両方の製造にかかわる人の人件費は，どちらのジャムに割り当てればよいでしょうか。その他には，両方を作る工場全体の空調設備や照明の電気代なども該当します。こういった2つ以上の製品に共通して消費されたものは，何かの基準を設定することで，各製品に割り当てる必要があります。この手続を**配賦**とよびます。もし配賦が行われなければ，製品ごとの正しい原価の金額がわからなくなってしまいます。原価は配賦が必要かどうかによって，以下の2つに分類できます。

① **製造直接費**：特定の製品製造のために消費される原価要素です。したがって，その製品の原価として直接集計することができます。直接材料費・直接労務費・直接経費の3つに分類されます。
② **製造間接費**：いろいろな製品の製造のために共通に消費される原価要素です。製造直接費とは異なり，特定の製品に対して直接集計できません。そこで，一定の基準を設けて製造間接費を各製品に配分する配賦の手続が必要になります。製造間接費は，間接材料費・間接労務費・間接経費の3つに分類されます。

　なお，発生の形態による分類と配賦との関連による分類は，原価要素をそれぞれ別の角度から見ているだけなので，一般的に組み合わせて使用されます（**図表6－1**）。たとえば，リンゴジャムの原材料であるリンゴは，発生の形態による分類では材料費，配賦との関連による分類では製造直接費に分類されます。これらを組み合わせて，リンゴは直接材料費に該当することになります。

図表6－1　発生形態による分類と配賦との関連による分類の組み合わせ

	製造直接費	製造間接費
材料費	直接材料費	間接材料費
労務費	直接労務費	間接労務費
経費	直接経費	間接経費

　製造直接費と製造間接費について，労務費を一例として説明します。製品の製造にかかわる人を**工員**とよび，そのうち製品製造に直接かかわる工員を**直接工**とよびます。直接工は，製品製造に直接かかわりますが，直接工に対する賃金がすべて製造直接費（直接労務費）に該当するわけではありません。たとえば，直接工であっても，機械の修繕や製品の運搬など，製品製造に直接かかわらない作業である，間接作業をすることがあります。これは，直接工による作業ですが，特定の製品に対する作業ではないため，製造間接費（間接労務費）に該当します。

　配賦計算では，製造間接費を割り当てるために何らかの基準が必要となります。これを**配賦基準**といいます。次に，配賦基準1単位あたりの製造間接費である**配賦率**を考えます。その後，配賦率に配賦基準量を乗じることで，配賦額を算出します。たとえば，リンゴジャムとブルーベリージャムを生産している工場全体を照らす照明の電気代が3,000円だったとしましょう。この3,000円の電気代は，両方のジャムに共通して発生しているため，どちらかのジャムに直接集計することができません。したがって，製造間接費（間接経費）と位置づけられますので，配賦計算が必要になります。配賦基準として直接材料費が設定され，リンゴジャムの直接材料費が10,000円，ブルーベリージャムの直接材料費が20,000円だったとします。電気代（製造間接費）3,000円を，配賦基準で

ある直接材料費の総額30,000円で割ることにより，直接材料費1円（配賦基準1単位）に対する電気代（製造間接費）は0.1円であることがわかります。この0.1円が配賦率になるため，あとはそれぞれの配賦基準量を乗じましょう。製造間接費3,000円のうち，リンゴジャムに割り当てるべき金額は，配賦率0.1円に配賦基準量10,000円を乗じて算出した1,000円になります。

（3）原価の構成

原価計算が対象とする「原価」の意味を深く考えるために，**原価計算基準**とよばれるガイドラインをみていきましょう。この中で，「原価とは，経営における一定の給付にかかわらせて，は握された財貨又は用役の消費を，貨幣価値的に表したもの」と規定されています。ここで，「原価」が，製品を製造するためにかかった費用のみを表す**製造原価**を指す場合と，**総原価**を指す場合とに大別されることを確認する必要があります。製造原価は，（2）で学習した製造直接費と製造間接費の総額になります。この他に，製品の販売のためにかかった費用である**販売費**と，企業全体の管理にかかった費用である**一般管理費**があります。製造原価に販売費と一般管理費を足し合わせたものを総原価とよびます。

総原価＝製造原価＋販売費及び一般管理費

製造原価や総原価以外の費用は原価に含まれず，非原価項目とよばれます。非原価項目には，金融上の費用である支払利息や割引料など，あるいは火災損失といった異常損失などを挙げることができます。異常な損失は原価には含めない，ということになります。**図表6-2**は，これまでにみてきた原価の分類を構成要素としてまとめたものになります。

図表6-2 原価の構成

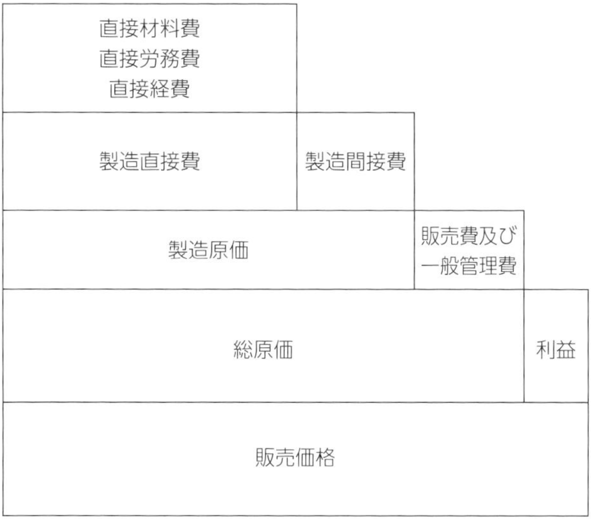

（4）操業度との関連による分類

　リンゴジャムの生産が進むほど，リンゴは消費されていき，原材料費として増加していきます。一方で，ガスコンロなどの生産設備の減価償却費などは，リンゴジャムの生産が進んでも影響を受けることはありません。この観点から，原価を分類してみましょう。

　工場の生産設備をどれくらい使ったのかという利用の程度を，**操業度**といいます。操業度は，生産量や直接作業時間，機械運転時間などによって測定されます。原価要素は，操業度との関連性によって，以下のような分類をすることができます（**図表6-3**）。

① **固定費**：操業度の変動に関係なく一定の発生額になる原価要素です。減価償却費，保険料，支払利息，租税公課，賃借料などが挙げられます。

② **変動費**：操業度の変動にともなって比例的に発生額が増減する原価要素です。直接材料費，出来高払賃金などが挙げられます。

③ **準固定費**：ある範囲の操業度の変動では原価の発生が固定化していますが，その範囲を超えると急増し，再度一定の範囲内で固定化する原価要素です。監督者の給料などが挙げられます。

④ **準変動費**：操業度がゼロであっても一定額の原価が発生し，その後操業度の増減に比例して変動する原価要素です。電力量などが挙げられます。

図表6-3 操業度との関連による分類

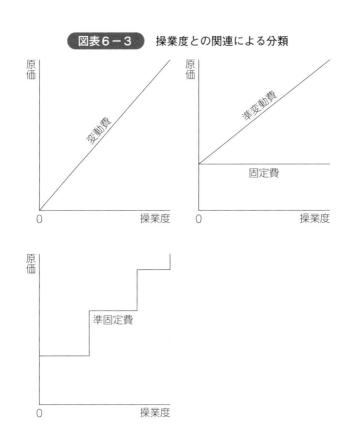

❸—工業簿記について

　複式簿記を商業で用いる場合は商業簿記になりますが，製造業（工業）で用いる場合には**工業簿記**になります。それぞれの使用条件に合わせて，複式簿記がカスタマイズされることになります。工業簿記は，製品の製造工程における価値の移転を主な対象とする簿記になります。したがって，生産の過程で発生した費用について，そのすべてを製造原価として記録・計算を行います。これは，リンゴからリンゴジャムを製造する流れを，会計の視点から捉えたものになります。この流れを表したものが**図表6－4**です。

図表6－4　諸勘定の振替関係

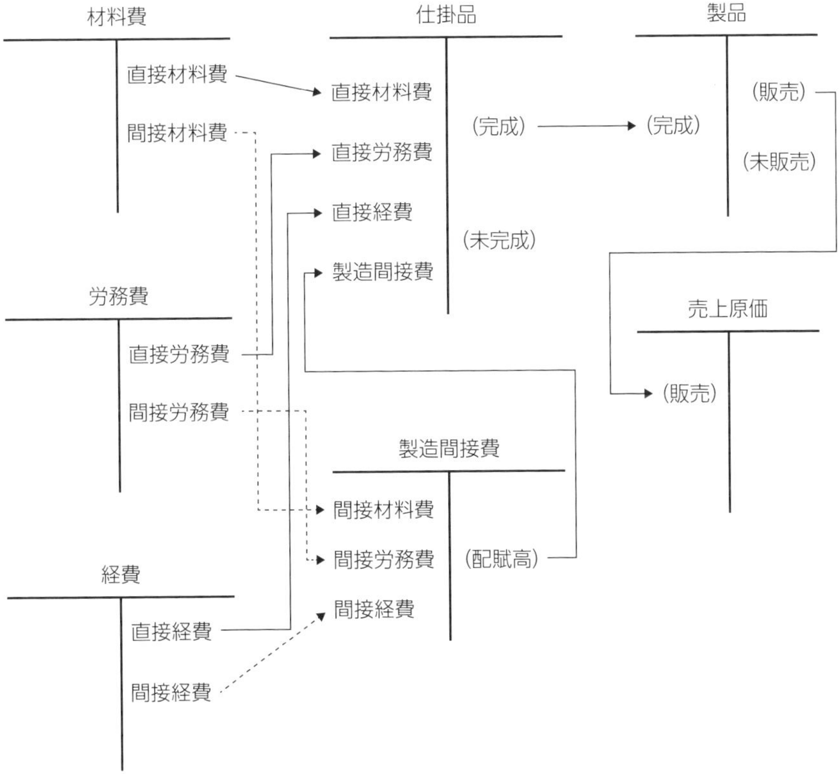

　工業簿記では，製造活動を記録するために，まず原価要素勘定として材料勘定・労務費勘定・経費勘定を設けます。これは，❷で紹介した発生の形態による分類になります。次に，個別の勘定を全体的に把握する勘定である仕掛品（製造）勘定により，これらの原価要素を集計します。完成した製品の増減の処理については，製品勘定が設定され，製品製造に消費したすべての原価要素が集計されます。さらに，販売活動にかかわる勘定として，売上製品の製造原価を処理する勘定である売上原価勘定や，製品の売上を処理する売上勘定が利用されます。

　図表6－4は，左から3段階に分けられているといえます。左に位置する材料費・労務費・経費の各勘定は，発生の形態による分類を用いて原価計算に固有な費目を設定しています。原価要素である材料費・労務費・経費について，各原価要素別に消費高の計算を行うことを**費目別原価計算**とよびます。

　中央に位置する仕掛品勘定と製造間接費勘定は，原価要素を集計する勘定になっています。製造間接費は特定の製品に対して直接割り当てることができません。そこで，製造間接費である間接材料費・間接労務費・間接経費は，製造間接費勘定に集計されます（点線部分）。集計された製造間接費は，配賦によって特定の製品に割り当てられます。図表では，配賦計算の結果として，配賦高が仕掛品勘定に集計されているのが確認できます。

　原価要素を集計する段階で，工場規模が大きく，製造工程が複雑化した場合，作業内容次第で発生額が異なる製造間接費を，原価の発生様態に応じて部門別に集計し，適切な配賦基準により部門別に配賦する必要性が生じることがあります。この場合，工場における各部門別に各原価要素の消費高を計算する**部門別原価計算**を実施することになります。しかし，今回のリンゴジャムの例では，この必要はないと考えられます。工場規模が小さく製造工程が単純であるためです。

　図表6－4の右に位置する製品勘定と売上原価勘定は，製品別に最終的な計算を行い，製品の増減を処理する勘定です。ここでは**製品別原価計算**が行われ，前段階までに集計された各原価要素を製品別に集計し，製品単位のデータを用いて，製品1単位あたりの原価を計算します。この左から中央，右に至る3段階は，製造活動のプロセスと対応していることになります。以上の記帳記録は，

原価の流れについて勘定を通じて定期的に集計されることになります。

　前章までで学習したように，企業は年に1度の**決算**をして，**財務諸表**を作らなければなりません。その際に，工業簿記では**製造原価報告書**を作成します。この報告書は，当期の生産活動の明細を示すものであり，当期製品製造原価が明示されます。その内訳明細として，いくらの材料費・労務費・経費を投入して，いくらの完成品ができたのかが示されます。製造原価報告書は，製造業（工業）が商品売買業（商業）よりも複雑な製品製造を行うので，これを会計的に捉えるという目的があります。ここでは，原価要素を発生の形態による分類として記入する，つまり材料費・労務費・経費に区別して記入する形態別分類による製造原価報告書を紹介します。**図表6－5**は，貸借対照表・損益計算書との関係を示しています。工業簿記の損益計算書は，基本的に商業簿記とほぼ同じですが，売上原価の中で当期製品製造原価が示されています。この内訳を説明するのが，製造原価報告書です。つまり，製造原価報告書は，損益計算書に関する明細書であると理解できます。原価計算は，損益計算書における当期製品製造原価の内訳の金額を計算するためにあるということができるでしょう。

　一般的に，原価計算で使用するデータはどの資料に依拠していても構わないのですが，工業簿記は簿記記録から提供されるデータを使用します。原価計算と工業簿記の間で，計算の素材となるデータや計算結果が往来することにより**完全工業簿記**が成立します。こうして，原価計算による数値が，工業簿記を通じて財務諸表に反映されることになるのです。

82

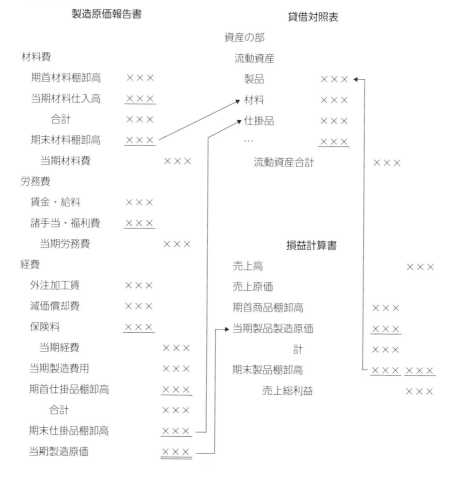

図表6−5　製造原価報告書（形態別分類）と貸借対照表・損益計算書との関係

❹—原価計算の目的

　ここまで本章では，販売価格を決める目的から原価計算をみてきました。原価計算は，計算そのものが目的ではなく，目的を達成するための手段です。では，この他にどのような目的があるのでしょうか。原価計算基準では以下のように規定されています。

① 企業の出資者，債権者，経営者等のために，過去の一定期間における損益ならびに期末における財政状態を財務諸表に表示するために必要な真実の原価を集計すること（**財務諸表作成目的**）
② 価格計算に必要な原価資料を提供すること（**価格計算目的**）
③ 経営管理者の各階層に対して，原価管理に必要な原価資料を提供すること（**原価管理目的**）
④ 予算の編成ならびに予算統制のために必要な原価資料を提供すること（**予算編成・予算統制目的**）
⑤ 経営の基本計画を設定するに当たり，これに必要な原価情報を提供すること（**経営計画目的**）

　①について，原価計算は，売上原価の算定を通じて，損益計算書の作成に関連します。また，製品や仕掛品などの棚卸資産の計上を通じて，貸借対照表の作成に関連します。また，原価計算基準は，財務諸表作成に際し「真実の原価」を要求しています。真実の原価とは，一般に公正妥当と認められた基準にしたがって計算された原価を意味します。この要件として，原則として実際原価を集計することや，財務会計機構と有機的に結合することを挙げています。
　上記のうち，②〜⑤は，意思決定・業績管理目的に該当します。これらは，生産過程だけではない，全社的な活動に関する領域を範囲としています。このことから，原価計算には，製造原価の会計というだけではなく，第8章で学習する管理会計の領域に該当する展開が必要とされていることになります。

コラム⑮　原価を理解するために大切なこと

　本章では原価計算基準における原価の定義を紹介しましたが，実はこの定義だけですべての原価を理解するのは難しいといえます。現代の原価計算は，経営計画の設定や統制を行うための経営意思決定のための情報に利用されています。「経営に役立てるために使う」という合目的性を強調するならば，原価の定義はより広いものとして認識することになるでしょう。史的な展開を見ると，1950年代に，アメリカ会計学会が原価に対して概括的かつ目的適合的な定義をしていますが，この背景にはビジネスに利用される原価の概念が拡大していることを意味します。
　会計学を勉強するみなさんは，会計には衣服のような側面があることを覚えておいてください。暑ければ服を薄着にし，寒ければ服を厚着にするように，会計学

も企業の経済的・社会的背景と密接な関係性を持ち，その状況によって柔軟に変わっていくものです。これが頭にあるだけで，ひょっとすると勉強が楽しくなるかもしれません。

❺──原価計算の種類

原価計算には，計算の目的に対応するさまざまな種類があります。

（1）実際原価計算と標準原価計算

実際原価計算は，製品製造過程にしたがって原価が集計されます。製品製造のために実際に要した原価を算定することになり，製品製造が終了する時点で製造原価が求められます。これは，主に財務諸表作成目的に対応しています。

実際原価計算で算定される実際原価には，作業の不能率や偶発的な原因による原価の変動が含まれることになります。加えて，原価の実際額が判明しないと原価計算に至らない，つまり製品製造が終わらなければ原価が計算できず，原価資料も作れないために，タイミングのよい原価情報の提供が難しいのです。したがって，即時的な意思決定の観点から，実際原価計算には一定の限界が存在するといえます。

これに対して，**標準原価計算**という手法があります。理想を追求し，生産工程での不能率やムダなどを排除した目標値である**標準原価**を事前に設定し，実際原価計算制度の原価の流れの中に組みこみます。実際原価は，実際発生額として事後に生じる原価であり，作業の不能率やムダなどが含まれると考えます。目標値である標準原価と実際原価の差額（**原価差異**）を計算し分析する**差異分析**により，標準原価として設定した目標を実際原価が満たしていなければ，それを達成しようとすることで，原価を引き下げていきます。こうした努力により，少しでも安くよい製品を投入しようとします。ただし，標準原価計算が効力を発揮するためには，大量消費をベースとした少品種大量生産に基づく生産環境が存在するといった，前提条件が必要になります。

（2）全部原価計算と部分原価計算

　原価計算という総称は，一般的に，原価要素のすべてを製品原価とする**全部原価計算**を指します。

　これに対して，原価要素の一部を集計する原価計算を**部分原価計算**とよび，その代表的なものが**直接原価計算**です。直接原価計算は，すべての原価要素を変動費と固定費に分け（**固変分解**），管理が可能である変動製造原価を製造原価と認識します。これによって，管理責任がより明確になります。

（3）個別原価計算と総合原価計算

　個別原価計算は，造船業・航空機産業・特殊機械製造業・建設業など，特定の製品の注文に応じて受注生産を行う企業に用いられます。個別の受注生産であるため，製品の品質や仕様が異なっていることが前提となります。製造活動を管理するための，**製造指図書**とよばれる書類ごとに原価を集計します。製造指図書に集計された原価は，個々の注文ごとに集計された原価になります。

　総合原価計算は，同一の品質や仕様の製品を連続的に生産する企業に用いられる原価計算です。規格品の大量生産を前提としています。そのため，一原価計算期間の生産に要した費用を集計し，総製造費用を求め，これを生産数量で割って製品1単位あたりの製造原価を集計します。製品製造の方法により，以下のように分類されます。

　単一工程単純総合原価計算は，製鉄業・セメント製造業など，1つの工程で同種類の製品を連続して大量生産する製造業に適用される計算技法です。

　等級別総合原価計算は，衣料品製造業・醸造業など，同じ製造工程から同種製品を連続生産し，さらに大きさや品質などにより，いくつかの等級に区別される製品を生産する製造業に適用される計算技法です。

　組別総合原価計算は，食品工業・機械製造業・自動車工業・織物業など，異種製品を組別に連続的に製造する製造業に適用される計算技法です。組は，製品規格や品質が異なるごとに分けられます。

　工程別総合原価計算は，化学工場・製紙業など，2つ以上の連続する製造工程を，仕掛品がそれぞれ通過して製造される場合，それぞれの工程ごとに原価

を計算する製造業に適用される計算技法です。

コラム⓰　原価計算の始まり

みなさんは，原価計算がいつ生成したと思いますか？

実は，これには多くの見解があります。たとえば，紀元前を起源とする説や，中世イタリアの問屋制家内工業を起源とする説，イギリス産業革命期の産物としてイギリス産業資本の確立期を起源とする説です。

さて，どうしてこのように複数の見解が存在するのかというと，これらの説はすべて「原価計算の定義」を何に求めるかによって異なるからです。定義が異なれば，原価計算の起源として何が基準となるかが違ってくるのは当然です。

産業革命以前は，材料費と労務費による素価計算が行われていました。分業と，協業・機械化によって生産過程の変化が生じた産業革命期から，原価の要素別管理，特に製造間接費の配賦が重要になります。そういう意味では，近代的な意味での原価計算は，製造間接費の配賦計算が重要な要素となっているといわれています。

 参考文献 ―――――――

村田直樹・相川奈美（編著）『会計による経営管理』税務経理協会，2012年。
　▷本章で学習した原価計算と，第8章で学ぶ管理会計について，ストーリーとともに学習していくことができます。
高梠真一（編著）『管理会計入門ゼミナール（改訂版）』創成社，2012年。
　▷この本の第3章では，標準原価と実際原価を使った原価管理について，初学者向けにまとめられています。
村田直樹・相川奈美・野口翔平『企業会計の基礎理論（第3版）』同文舘出版，2021年。
　▷会計学全体の流れの中で，体系的に原価計算と管理会計を位置づけることができます。
櫻井通晴『原価計算』同文舘出版，2014年。
廣本敏郎・挽文子『原価計算論（第3版）』中央経済社，2015年。
　▷これらのテキストは，より意欲的に原価計算を学びたいときに，その道標となってくれるでしょう。

第**7**章　会計監査

❶—監査の意義

　監査とは，簡単にいえば，誰かが作成した情報をチェックし，その正しさなどを証明することです。では，それはなぜ必要とされるのでしょうか。

　ここまでで学んだように，企業は会計情報を作成します。ここでもし，作成した情報を作成者だけが利用するのであれば，その情報の正しさを他者にチェックしてもらう必要性は，理論的にはありません。自分で作成した情報を自分で使うだけならば，仮にその情報が間違っていたとしても，自分が満足するのであればそれでよいし，仮に間違った情報で自分が困ったことになっても，誰にも迷惑はかからないからです。

　しかし，その情報を誰か他人と共有することになれば，少し話は違ってきます。自分が作成した情報を，その情報を共有する人にも正しいと認めてもらわねばならないからです。このとき，その情報は共有する相手にもチェックしてもらう必要が出てくるのです。

　そして，仮にここで情報を共有する他者が多数になると，それらの人々全員と共通認識を持つ必要がありますが，これは実行しようとするとなかなか難しいことは容易に想像がつくでしょう。そこで，認識を共有しようとする人の代表者か，あるいは第三者を立てて，その者に情報の正しさについて証明をしてもらい，その結果を皆が信頼し，受け入れることで，元々作成された情報を多数の者が共有することにします。このしくみが監査なのです。

　つまり監査は，誰かが作成した情報を，不特定多数の人が共有するシステム

だといってもよいでしょう。あるいは，プライベートな情報を，社会が共有する情報にするしくみだといってもいいでしょう。

❷──さまざまな監査と会計監査

　そのように考えると，私たちの社会にはさまざまな監査があることがわかります。たとえば，国土交通省は，鉄道事故が起こると，鉄道会社の運営状況をチェックするために監査に入ることがあります。これは，さしずめ会計との関係はありません。このほかにもさまざまな「監査」はありますし，場合によっては「検査」，「監察」，「評価」などといった用語が使われているものの，そこで行われていることは事実上の監査であることもしばしばあります。

　監査は，英語では auditないしはauditingといいます。この用語は，audio（音響機器），audience（聴衆）といった用語と同じ語源であり，もともとは「聞く」，「聴取」という意味を持っています。かつて識字率が低かった時代には，会計担当者が必ずしも文字の読み書きができるとは限りませんでした。このため，監査は，主として聴き取りにより行われたとされています。そして，この方法で，監査は会計に限らず広範囲に適用されてきたのです。

　では，社会にはさまざまな監査が存在するのに，「監査論」ないし「監査学」が，特に会計学の一分野として学ばれるのはなぜなのでしょうか。それは，監査の中でも会計監査がもっとも社会的に普及しており，監査の発展が会計監査

を通じてなされてきた，という歴史を持つからです。いいかえれば，最も典型的な監査である会計監査を学ぶことは，監査全般を学ぶことに通じることになります。会計監査の経験は，社会の他の監査がこれをモデルとして利用し，多様な監査が社会で行われることになる，ということなのです。

❸―会計監査をする人は誰か

　監査をする人を**監査人**とよびます。❶で述べたことからもわかるように，監査の対象となる情報の作成者が監査人となってしまっては，それは自分で自分の監査をすること，すなわち自己監査となってしまい，監査結果の信頼性を疑われることになってしまいます。ですから，監査人は情報作成者とは独立した存在，すなわち**独立性**が備わっていなければなりません。

　また，監査対象となる情報は誰でもわかる情報ではないことが多く，だからこそその情報に精通した者が監査人となる必要があります。会計情報は特にその性格が強いものです。会計情報の作成にあたっては，高い会計の専門知識が必要だからであり，また社会のあらゆる人がそのような会計的素養を持っているわけではありません。ですから，会計情報を監査する監査人は，会計についての高度の**専門性**を有することが求められます。

　この結果，会計監査を行える者は，資格を持つ会計士がこれにあたることになります。日本の場合には，国家資格である**公認会計士**が会計の監査人になります。

❹―会計監査の始まり

　会計監査はいつから始まったのでしょうか。記録のある限りでいえば，かつてイギリスの都市の決算にあたって住民集会が開かれ，住民の代表が予算執行結果の監査を行い，住民の前でその結果を発表したとされます。しかし，経済活動があり，会計があったのであれば，それが当時は監査とよばれていなくても，監査という現象はもっと以前から存在していたと考えるのが自然でしょう。

　イギリスでは，18世紀後半に産業革命を迎えますが，この結果，会社は巨大

化し，会計も複雑になりました。このため，会計の専門性を持ち，帳簿の記帳や財務諸表の作成を生業とする人が生まれました。これが会計士の始まりです。また，会社の巨大化は経営に必要な資本の巨大化を意味し，その資金調達のために株式会社制度が発達し，株式の発行を通じて一般から広く資金が調達されるようになります。そして，証券市場も生まれ，株式の売買と流通も行われるようになります。つまり，株式会社が作成する会計情報は，広く社会で共有される必要があり，株式会社は，自らが作成した会計情報（基本的には財務諸表）が正しいことを社会に認めてもらう必要が生じました。そうでなければ，会社の情報が社会的に共有されず，一般の人々からは資金が集まらないからです。

　このため，株式会社は会計を専門とする会計士に，会計監査を依頼して監査証明をして監査報告書を書いてもらい，これを財務諸表に添付して公表する，という実務が始まりました。これが，株式公開会社（上場会社）に対する会計士の監査の始まりです。このことからも理解されるように，会計監査は会社に対する一種のサービスであり，このため，監査証明を受けた会社がそのサービスの対価を報酬の形で会計士に支払うことになります。

　会計監査は，基本的には会社の依頼によってそれぞれ任意になされるものでしたが，経済の発展に伴って会社が増え，また会社の会計不正や倒産が生じるようになると，株式公開会社には会計士の会計監査を強制的に受けさせようという制度ができるようになります。アメリカでは，1933年に証券法が成立し，これにより株式公開会社への公認会計士による会計監査は，法定監査となりました。

❺——会計士の資格

　前節の歴史からもわかるように，会計士は経済と会社の発達に伴って必然的に発生したものです。会計士は，仲間を集めて「協会」をつくり，その協会に入りたい者には試験を課して，一定の専門性を持つ者だけを新たな仲間に加えることにしました。これが会計士資格といわれるものの始まりです。つまり会計士の資格は基本的には民間資格であって，はじめから国家資格であったわけではありません。

　イギリスでは，この結果多くの会計士協会が生まれましたが，その中でも特に高い地位を持つ協会に，国王が「勅許」とよばれる認証を与えました。このような会計士は**勅許会計士**と称され，イギリスでは基本的に勅許会計士だけが上場企業の会計監査を行うことができます。同様に，イギリス国王を元首とするカナダ，オーストラリア，ニュージーランドの会計士も勅許会計士とよばれます。

　一方で，もともとはイギリスの植民地であったアメリカには，多くのイギリスの勅許会計士が移住しましたが，アメリカはイギリス国王を元首としない国になったため，アメリカの会計士は国王ではなく社会的に公に認められた会計士，すなわち**公認会計士**とよばれることになりました。この後に，会計士の制度を導入した国々，たとえば日本では，アメリカの制度をまねて制度が作られたことから，公認会計士の名称が定着することになります。そしてその資格認定も，民間の協会への入会資格試験から，日本のように国家試験による例が多くなってきたのです。

❻——日本の会計監査

　日本の会社に対する会計監査制度は，大きく2つの法律によって定められています（**図表7－1**）。

　第1は，**金融商品取引法**に基づく会計監査です。

　金融商品取引法の前身は，証券取引法で，第2次世界大戦後の1947年に制定

されました。戦後，日本を占領したアメリカは，さまざまな改革を進めますが，その1つが証券市場の改革でした。日本が第2次世界大戦を戦った金融的な背景として，財閥による経済支配があったと考えたアメリカは，財閥解体を進めます。財閥とは，多くの会社の株を持つ持株会社が企業グループを作って支配し，金融面ではグループ内の中核銀行が資金を供給して支える，という構造でした。結果として，財閥の銀行が企業を支配し，経済を支配することになります。

　企業が銀行からの借入金を資金調達先として事業を行うことを，間接金融とよびますが，間接金融に頼らず，企業が株式の発行とその公開によって証券市場で資金を調達する，すなわち直接金融を中心とするように，日本の企業のあり方を変えようとしたのです。このような直接金融は，アメリカやイギリスで中心に行われてきた資金調達方法です。すなわち，アメリカと同じような経済構造に日本を転換させることを構想したのです。

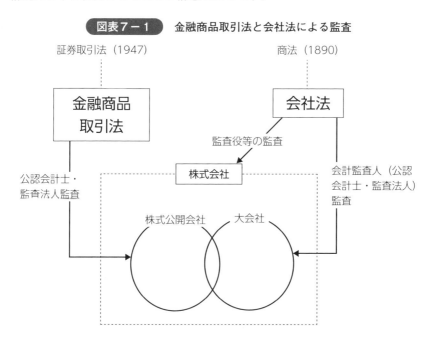

図表7－1　金融商品取引法と会社法による監査

　直接金融のためには，証券市場を育てなければなりません。そして，証券市場で株式が売買されるようになるためには，株式公開会社の財務諸表が，独立した第三者による監査を受ける，会計監査制度を作らねばなりません。それまで，日本にはそのような制度がなかったため，まず公認会計士の資格を創設することから始まりました。1948年に**公認会計士法**が施行され，株式公開会社に対する**公認会計士監査**が始まります。

　その後，1966年には，共同組織による監査を行う監査法人制度が導入され，翌年には最初の監査法人が設立されます。監査法人は，海外では会計事務所と呼ばれ，日本の主要な監査法人は，世界の大手会計事務所と提携関係を結び，グローバルなサービスを提供するようになっています。

　証券取引法は，2006年に金融商品取引法と改称されて現在に至っています。

　第2は，**会社法**による会計監査です。

　会社法は，以前は商法の一部でした。商法の制定は1890年で，その当初から株式会社の監査を行う**監査役**の制度が設けられました。

　監査役は株式会社の役員ですが，取締役とは異なり，会社の経営は行いません。監査役の職責は，制度の変遷によりしばしば変更されてきましたが，現在は**会計監査**と**業務監査**を行うこととなっています。監査役に，特段の資格は求められていません。また，会社法の改正に伴って，監査役の代わりに監査等委員会や監査委員会を置くことも認められていますし，条件を満たせば会計監査に限定した監査役や，監査役を置かないことも認められます。しかし，現状では，主要な株式会社の多くが監査役を置いています。

　監査役監査に加えて，会社法上の大会社（資本金5億円以上または負債総額200億円以上の株式会社）には，公認会計士または監査法人である会計監査人による会計監査が求められています。これは，商法監査特例法によって1974年に導入され，現在は会社法に受け継がれています。

　会計監査人監査は，戦後に導入された証券取引法（現在の金融商品取引法）による公認会計士制度を，明治以来の歴史を持つ商法（現在の会社法）にも導入しようとしたものです。しかし，会社法上の大会社であっても上場しているとは限りませんし，上場会社でも会社法上は中小会社であることもしばしばあります。このため，株式会社に対しては，公認会計士や監査法人による会計監

94

図表7-2 組織による監査の違い

	株式会社			非営利組織
根拠となる法	金融商品取引法	会社法		非営利組織の種類によって異なる。
いつから	第2次大戦後	明治期	第2次大戦後	根拠となる法律によって異なる。
対象となる会社等は？	主として株式を上場している株式会社	株式会社	株式会社のうち、大会社	ほとんどの非営利組織
誰が監査する？	公認会計士（または監査法人）	監査役（資格は不要。監査委員、監査等委員のこともある。）	監査役に加えて、公認会計士（または監査法人）	監事（法律の規定によっては、公認会計士の監査も加わる。）

査が，金融商品取引法に基づくものと，会社法に基づくものがあることになり，用語も微妙に異なることから，特に初学者にとっては複雑な制度になってしまっています。

　ところで，日本には株式会社以外にもさまざまな組織があり，活動しています。これらの多くにも，会計監査を中心とした監査が導入されています（**図表7-2**）。

　たとえば，非営利組織の多くには，株式会社の監査役に相当する**監事**が置かれています。さらに，非営利組織のうち，学校法人（私立学校），独立行政法人，国立大学法人，社会福祉法人，消費生活協同組合などの組合企業，医療法人，労働組合，政党といった組織のうちの一部には，公認会計士または監査法人による会計監査も法律で強制されています。また，地方自治体には監査委員の監査，国には会計検査院による検査があります。

　このように，日本の組織には，ほぼ例外なく何らかの会計監査のしくみがとり入れられているのです。

❼―監査のための基準

　公認会計士などの監査人が監査を行うとき，その監査のやり方を標準化する

ために基準が定められます。

　金融商品取引法に基づく監査を公認会計士が行う場合に従う**監査基準**は，金融庁企業会計審議会監査部会が策定しています。これは，監査の大枠を定めた基準ですので，詳細は日本公認会計士協会監査基準委員会が定める監査基準委員会報告書に依拠しています。これらを包括したものを，金融庁企業会計審議会監査部会の定める「監査基準」と区別するために，**「監査の基準」**とよぶことがあります。監査基準委員会報告書は，国際監査基準（IAS）に準拠しており，すなわち日本の監査の基準は国際基準に従ったものとなっています。

　監査基準は，金融商品取引法に基づく監査のための基準ではありますが，公認会計士が従う監査基準であるため，実質的には，公認会計士が行う他の組織等の監査の基準としても機能しています。

　一方で，監査役の監査基準は，監査役自身が定めることになっていますが，公益社団法人日本監査役協会が，モデル基準としての監査役監査基準を公表しており，多くの場合，監査役はこれを参考にして監査基準を策定し，会計監査および業務監査を行っています。

コラム⑰　内部監査

　多くの企業では，内部組織として「監査部」といった名称の部署を設けています。これは経営者の命を受けて，企業内の各部署の監査を行うための部署です。これを内部監査とよびます。内部監査の特徴は，誤りや不正がないかといったチェックのほかに，各部署に経営指導を行う，いわば企業内コンサルティングの機能も持つことにあります。また，内部監査は社員が行うので，特に必要な資格は必要ではありません。しかし，日本内部監査協会が認定する内部監査士という民間資格もあります。

　コンサルティングの役割もあることから，企業の効率化，合理化やコストの削減にも内部監査は役割を発揮します。このため，内部監査は第8章で学ぶ管理会計にも関係する監査ということができます。

❽—監査の拡張と保証

　公認会計士の行う会計監査は，ここまでさまざまな形で拡張してきています。2002年には，金融商品取引法監査に，継続企業の前提（ゴーイング・コンサー

ン）の監査が導入されました。これは，経営者に自社が決算日から少なくとも
１年間は存続するかどうかを評価させ，監査人はこれを含めた監査を行うこと
とするものです。また，2008年には，内部統制監査制度が導入されています。
これは，会計不正への対応として，企業自身がチェック体制を充実すること，
すなわち内部統制が重視されることとなり，経営者は内部統制報告書を作成し，
監査人はこれを監査して，財務諸表の監査報告書とセットにして監査報告書を
作成することになったものです。

　また，同じく2008年には，四半期レビュー制度が導入されました。これは，
年に１度の期末の会計監査に加えて，企業が四半期ごとに財務諸表を作成し，
これに対して監査人はレビュー報告書を作成して証明を行うというものです。
ここで，監査といわずにレビューとよんでいるのは，監査は高い水準で行う証
明行為であるのに対して，四半期財務諸表は，あくまで通過時点でのある意味
で簡易な財務諸表のため，これに対する証明も，監査で行う高い水準ではでき
ず，より簡易なやり方になるからです。この，四半期レビューのような監査よ
りも簡易な証明を，監査を含めたより広い概念として**保証**とよんでいます（**図
表７－３**）。

図表７－３　保証と監査の関係

　本章では，会計監査を中心に説明してきましたが，❷でも触れたように，監
査は会計監査だけではありません。そして，社会的に独立した立場での証明行
為に，公認会計士の関与が求められる場合が拡大しています。その多くは，公
認会計士でなければならないと法定されているものではありません。しかし，
長い歴史の中で公認会計士の資格が社会的な独立性を意味するものとなってき
たことから，監査や保証の第三者性を重視すると，公認会計士にこれらの証明
が求められることも多いのです。その結果，会計とは必ずしも関係しない情報

に対する監査ないし保証の実務は拡大しているといってよいでしょう。何か問題が生じたとき、その問題の調査や再発防止のために第三者のチェックを入れる、すなわち監査の導入によって問題解決を図る、という傾向がみられます。監査は、不正などの問題を発見するのではなく、監査がある、すなわち第三者の眼がある、ということで、問題の発生を未然に防止する、という役割もあります。むしろそのために、監査が機能することが求められていると考えるべきでしょう。

> **コラム⑱　　環境報告書とCSR報告書の保証**
>
> 　環境報告書や、CSR（企業の社会的責任）報告書の保証は、実務上広く行われている保証の例です。環境への対応は、近年になって企業にとって極めて重要な課題になってきました。さらに、社会に対するさまざまな責任を、企業がどのように果たしているかを含めて、会計的側面だけではない情報の提供と、アカウンタビリティの遂行が企業に求められています。そして、CSRは2015年に国連で採択されたSDGs（持続可能な開発目標）に置き換わる傾向が顕著にみえてきています。今後は、企業によるSDGsの達成にかかる報告書作成の例も増えていくでしょう。そして、これらの情報を報告書として開示するとき、その内容に対する証明である保証が必要となっているのです。

 参考文献 ───────────

伊豫田隆俊・松本祥尚・林隆敏『ベーシック監査論（8訂版）』同文舘出版、2019年。
盛田良久・蟹江章・長吉眞一（編著）『スタンダードテキスト監査論（第5版）』中央経済社、2020年。
山浦久司『監査論テキスト（第8版）』中央経済社、2022年。
吉見宏『ケースブック監査論（第5版）』新世社、2013年。
　▷いずれも監査論のテキストです。本章の内容をより深く学ぶために有用です。
吉見宏（編著）『会計不正事例と監査』同文舘出版、2018年。
　▷本章でも触れた、企業等の不正について監査論の観点から具体的な事例を検討したものです。

第**8**章　管理会計

❶─会社の内部を知るための会計

　第7章までは，簿記や原価計算といった，会計に使われる計算の方法を基礎として，財務会計や監査について学習しました。財務会計と監査は，企業の情報を外部の人に伝えるための会計です。

　ところで，会計自体は，企業の情報を誰かに理解してもらうための方法です。企業の情報は，企業外部の人だけではなく，企業内部の人にとっても重要となります。企業の情報を内部の人に伝えるための会計のことを，まとめて**管理会計**といいます。個々の企業は，自身に必要な情報を得るために，それぞれ独自の工夫した方法で会計を用います。そのため，管理会計は既存の制度にはとらわれないという特徴をもっています（**図表8−1**）。

図表8−1　管理会計と財務会計，監査の関係

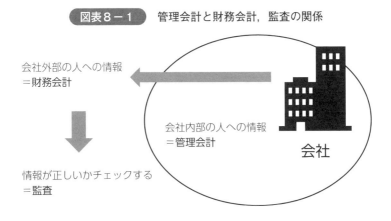

　たとえば，１つ50円で製造することのできる商品があったとしましょう。その商品を販売するにあたっては，値札をつけなければなりません。しかし，ある決まった値段に必ずしなければならない，という法律上のきまりは，市場のしくみが働いている経済においては，基本的には存在していません。企業がもつ目的や，利益として得たい額によって，もしくは作るまでにかかった個々の企業や市場の事情によって，商品の値段のつけ方は異なります。その結果，企業が違えば，たとえ同じような商品を作ったとしても，値段に違いが生じるのです。

　ただし，商品の値段のつけ方は自由奔放であってはなりません。不当に高い値段にすれば，消費者に購入してもらえなくなるかもしれません。一方で，低すぎる値段にしてしまうと，製造と販売にかかった費用を回収できなくなってしまうかもしれません。

　さらには，販売してみたものの，作った商品をすべて売り切らなければ，在庫が発生するかもしれません。すると，売上が想定より足りなくなるばかりでなく，その在庫を保管するための倉庫などの費用が，新たに発生することもあり得ます。それに，先ほどの例では商品を１つ50円で製造することを前提としていましたが，現実には何らかの方法で，商品を１ついくらで提供することができるのかを，自身で計算して把握しなければなりません。企業はこうしたさまざまな条件を考えながら，値段付けを決定します。

　そこで，管理会計は，企業内部で必要とされる情報を整理する役目をもっています。情報を整理する過程においては，第３章の簿記や第６章の原価計算といった計算の方法が，一般的に用いられています。

　管理会計の手法は，それぞれの企業の実情に合わせて多様に存在しています。そのため，財務会計や監査のように，一定の制度をもとに行われる会計と比べると，管理会計は複雑でやや曖昧な会計としてみられることもあります。一方で，管理会計は実際の企業においてはどこにおいても必ず用いられています。すなわち，皆さん自身が日常生活で触れるものやサービスを作り出すのに，管理会計は必ず用いられているのです。

❷——1年のはじまりと管理会計

　では，管理会計では具体的に，どんなことをしているのでしょうか。会社の会計期間は，基本的に1年で区切られています。したがって，会社が1年の間に何をするのかを考えれば，経営活動のために会社の内部で必要となる情報は，管理会計によって把握することになります。

　一般的な会社は，トップである経営者，部門の管理者，その下で働く従業員といったように，階層に分かれて組織化されています（**図表8－2**）。

図表8－2　組織構成員の階層

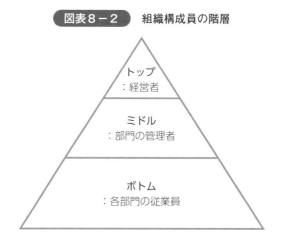

　そして，会社の最終的な目標は，活動をすることによって利益を得ることで

す。経営者は会社全体の意思決定を行い，部門の管理者はその意思決定に従って，費用を発生させつつ活動することにより収益を得て，その差額から利益を生み出します。また，会社組織を管理するには，会社のどの部門が，もしくは誰が責任をもっていて，費用を生み，利益を得るのか，または会社がどの部分にどのくらい投資しているのかを，会計を通して具体的に把握し，活動結果である業績を適切に評価することが大切です。

　なお，管理会計は，製造業をベースにして発達してきましたので，以下の説明も製造業を前提として行っています。製造業は，費用の発生する箇所や，管理が可能な費用がサービス業に比べて多く，管理会計が発達しやすかった背景があります。

　では，会社の1年の経営活動を追ったときに，そこで用いられる管理会計とはどのようなものなのでしょうか。

（1）　経営計画と予算

　まず，会社は事業を始めるにあたって，どの部門，もしくはどの製品・サービスにどのくらいのお金をかけるべきかを，決める必要があります。会社の経営者は，自身の経営に掲げる展望（ビジョン）をもとにして，まず中長期にわたってどのような事業を行うかを，3〜5年分にわたって計画します。それから，そのうちの1年の間に，具体的にどのような事業を行うかを計画します。ここで，かけたい費用や得たい収益の額を考えながら，1年間の計画を計量的に立てることを，（企業）**予算**といいます。予算は，経営者が考える展望と，実際に資源を使う現場との間で，擦り合わせを行いながら決定します。予算を決めることで，1年間にどのようにして利益を得るか，そのためにどのように資源を使うかを，可視化することができます。また，予算によって資源が各部門に振り分けられて，その使い方を指定されるため，予算は従業員に対して，どんな仕事をすれば評価されるのかを伝える機能ももっています。

　また，企業の計画を各部門に示すにあたって，きちんと計画を理解して遂行してもらえるように，目標を設定するしくみもあります。たとえば**KPI**（Key Performance Indicators）は，重要な業績指標という意味です。つまり，計画が成功するために必要な条件を，計画の成功までのプロセスにしたがって，数値

で測れる項目として設定することを指します。たとえば，「売上」という企業の目標を達成するためは，価格の設定のほかにも，多数の購入者がいることや，1人にたくさん買ってもらうことが達成のための重要な要素となることがあります。そこで，KPIを「購入者数」と，「1人あたりの購入額」と設定します。すると，経営者の指示に従う従業員は，ただ売上を伸ばすことをがむしゃらに追いかけるのではなく，「どうしたら購入者数を増やせるのか」，もしくは「どうしたらより多く買ってもらえるか」，といった，より具体的な目標達成方法を検討することができるようになるのです。KPIは，予算の達成度がわかる1年後をまたずに，たとえば四半期ごとでも達成度を数字で確認することができます。このため，実際の企業に導入されている例も多く見られます。

（2）　企画・設計

　次に，企業の各部門は，与えられた予算と利益目標を達成すべく，個別具体的な事業の企画のもとに生産を行います。ここで，生産する前の企画・設計の時点から，そこでかけられる費用や得たい利益を計算します。

　企画・設計時点の管理は，**源流管理**とよばれています。これは，材料を仕入れるところから消費者に販売されるまで，製品が川のように上流から下流に向かって流れるイメージからきており，上流（源流）での管理が企画・設計時点の管理とされるものです（**図表8－3**）。

　近年では，源流管理がより重視されるようになっています。これは，下流で

の管理におけるコストの削減の工夫はすでに多く行われているために，限界が
生じていることや，より複雑な構造のモノ・サービスを作る業種が増加してい
ること，1つのもの・サービスの作成に対してかかわる企業数が増加している
こと，また企業自身や生産施設が海外へ移転して，コミュニケーションの範囲
が広くなっていることなどから，生産する前から緻密な管理をすることが求め
られるようになっていることを背景としています。

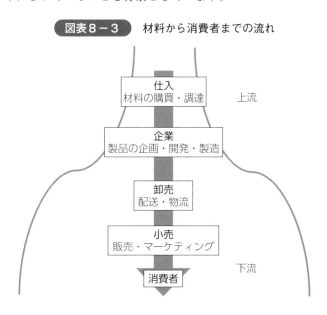

図表8-3 材料から消費者までの流れ

仕入
材料の購買・調達　　上流

企業
製品の企画・開発・製造

卸売
配送・物流

小売
販売・マーケティング

消費者　　下流

　さらに，源流管理の時点で，製品の製造にかかる費用である原価についても
管理する方法があり，これを**原価企画**といいます。原価企画を行う場合には，
顧客がどのような品質の製品を，どのくらいの機能と，どのくらいの価格でほ
しいのかを事前に調査したうえで，それにあわせて目標の価格と目標の利益を
設定します。売上から利益を除けば，残るのは費用です。つまり，価格と利益
が決定すれば，必要な機能を備えた製品の開発にかけられる費用の見積もりが
企画時点でできます。これを**目標原価**といいます。原価企画は，製造過程では
削り切れないコストを，企画・開発の時点で費用の上限を決めることで削って
しまおうというという，企業の工夫の一種なのです。

❸──生産活動と管理会計

（1）　製造・販売

　企画・設計が終わると，企業は実際にモノやサービスの生産を開始します。第6章でとり上げた原価計算は，主に実際に生産したときの費用の計算方法です。生産の際には，生産量の限界について考える必要があります。特に複数の製品を扱う企業は，企業のもつ設備や時間，流通の都合などにあわせて，複数の製品をどの順番で，どのくらい生産するかを検討します。これを**プロダクト・ミックス**といいます。このほかにも，在庫の管理方法や工程の管理方法なども，管理者は生産にあたって考えなければなりません。

　たとえば，トヨタ自動車では，在庫をできる限りなくして工程を効率的に管理するにあたり，独自の管理会計手法を編み出しました。1台の自動車には，数万個もの部品が使われます。工場でベルトコンベアを使って自動車を組み立てるとき，工程順にベルトコンベアに沿って部品を積んでおくとします。ここで，ベルトコンベアの終点で自動車が出来上がるようにするには，ベルトコンベアの途中において，各部品が必ずその場に用意されている必要があります。しかし，1日何百台も生産する車の部品を，すべて工場内で保管していたのでは，多くの在庫費用がかかり，管理も大変になってしまいます。

　そこでトヨタ自動車では，部品の品番と，それがどの工程でいつ使われ，1回の作業に何個必要で，いつその場に運搬されるのかなどを書き込んだ「かんばん」をつけた箱に，1回に必要なだけの部品を入れておくことにしました。そして，実際に作業をして箱の中身がなくなったら，かんばんをその部品を作る人に渡し，そこに書いてある量だけを生産してもらい，再び箱に入れて送り返してもらいます。これを繰り返すことで，工場にはその場の作業に必要なだけの部品が随時送られてくることになり，在庫費用を極力かけずに済むのです。この方式は，かんばんを使うことから**かんばん方式**（Just in Time, JIT）と名付けられました。

　さて，生産が終わると，卸売や小売をはさんで，最終的には消費者に販売す

106

ることとなります。販売するときには，本章の冒頭でも示したように，価格を決めなければなりません。

　販売価格に含めなければならない費用は，材料費だけではありません。たとえば生産に携わった人に払う給料も，販売によって回収しなければならない費用です。従業員の給料を計算するには，その業績も評価しなければなりません。各従業員がどのくらい業績をあげたのか，業績につながる行動とは何なのかを決めて測定することも，管理会計の役割の１つとなっています。

（2）　期　　末

　そして，１年の終わりには，決算が行われます。予算の通りに実際の事業が行えたかを分析し，改善が必要なところは是正して，次の年の予算に反映します。ここでも，次年度に新たな事業を始めたいときや，新しい設備への投資を行うかを検討するときには，それが企業にとって効果的に働くのかどうかを，事前に測定することも必要となります。また，第９章で学ぶ経営分析で導くことができるデータは，企業の現状や改善すべきところの発見に役立つため，管理会計の一部として扱われることがあります。

図表８－４　　会社の１年間の流れ

　図表８－４のように，会社では，１年のサイクル全体にわたって，管理会計が役立つ事象が発生します。上記のほかにも，商品の品質をあげるためにかける費用をどの程度にするか，また広告宣伝をどの程度行うべきか，物流や製造

に直接携わらないスタッフにかかる費用をどうするかなど，細かな項目にわたって管理会計が役立ちます。管理会計は，企業内部の情報を整理することによって，企業の計画と統制を行う役割をもっているのです。

コラム⑳　管理会計ならではの原価

　普通の原価計算には登場しませんが，管理者の意思決定にかかわる特殊な原価が2つあります。1つは，**埋没原価**です。埋没原価とは，管理者の意思決定によって，関係がなくなってしまう費用を指します。たとえば，2018年の秋には株式会社ZOZOが服の自動採寸用ボディースーツの取扱いをいったんとり止める発表をしました。この事業は，当時世間の注目を集めていましたが，生産が追いつかなかったことと，技術が革新され，採寸方法を刷新することになったための意思決定でした。この結果，ボディースーツの開発と製造にかかった費用の一部や，在庫費用を回収することができなくなり，埋没原価となったと考えられます。

　もう1つは，**機会原価**です。機会原価は，選択肢があったときに，一方を選ばなかったことによって失われる利益のことを指します。たとえば，赤城乳業株式会社の主力商品であるアイスキャンディー「ガリガリ君」は，2012年に新フレーバーを発売しましたが，想定以上の人気により大量の需要が発生し，供給が間に合わなくなってしまいました。そこで，赤城乳業は発売の2日後から約半年間，この新商品を発売停止としました。発売停止をするという決定をしたことによって，停止期間中に儲けられたかもしれない利益を失っているため，機会原価が発生しています。

　埋没原価と機会原価は，いずれも企業が実際にお金を払ったコストではありません。しかし，企業の意思決定や業績を「管理する」という観点からは重要な原価概念です。

---

❹—利益を得るための分析方法

　企業にとってのもっとも大きな課題は，商品を「いくらで，どのくらい売ればもうかるのか」です。では，この課題を達成するためには，どうすればよいのでしょうか。

　ここでいう利益とは営業利益のことであり，営業利益は売上高から，総原価を引いた差額です。すなわち，以下のようになります。

売上高－総原価＝営業利益

　事業を行うときには一定期間における売上高と総原価がわかれば，営業利益がわかることになります。

　売上高は，次式で求めることができます。

販売価格×売り上げる個数

（1）　固変分解

　製造原価は，第6章の原価計算でも説明されたように，**操業度**との関連によって，**固定費**と**変動費**に分類することができます（**図表8－5**）。固定費とは，操業度にかかわらず，一定の額がかかる費用のことでした。ここで操業度とは，営業量ともよばれ，作業時間や機械を動かした時間，生産量などの，「企業の生産能力の利用度」を表していました。

　たとえば，建物などに課される固定資産税は，操業度にかかわらず一定の額が課されますので，固定費にあたることが多いです。

　一方で変動費とは，設備が稼働すればするほど（操業度が高いほど），比例して発生額が増える費用でした。

　たとえば商品の生産に直接使われる材料費は，1個の生産に1単位，2個の生産に2単位，というように，生産量に応じて材料費が変動しますので，変動費となります。

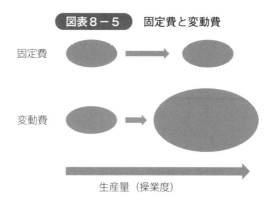

図表8－5　固定費と変動費

　他の費用も，変動費と固定費のどちらかに分けることができます。この分類を行う作業方法を，第6章でもみたように**固変分解**といいます。ただし，企業の考え方によっては，同じ費用でも固変の分け方が変わることがあることに注意してください。たとえば，工場のラインで働く人の給料は，固定給制であれば固定費になりますが，出来高制であれば変動費になります。

（2）　限界利益

　製造にかかったすべての費用を固定費と変動費に分類すると，次のようになります。

固定費＋変動費＝製造原価

　製造したものをすべて売り上げたとすれば，その「もうけ」を求める式は以下のようにも示すことができます。

売上高－製造原価＝売上高－（固定費＋変動費）＝売上総利益

　売上総利益（粗利益）については，第6章で説明されています。ここで，売上高から変動費のみを引いた残りを，**限界利益**（または**貢献利益**）といいます（**図表8－6**）。限界利益には，売上総利益と固定費が含まれています。

売上高－変動費＝売上総利益＋固定費＝限界利益

　限界利益は，企業の利益を考えるにあたって，基本となる大切な数値となります。たとえば，ある企業で，価格が100円の商品が生産されていたとします。ここで，材料の仕入元によって，A社では材料費が1個あたり60円，B社では1個あたり80円の材料費がかかることになったとします。このとき，商品1個あたりの限界利益は前者が100－60＝40円，後者は100－80＝20円で，材料費は変動費にあたります。

　このとき，これを使った商品の販売価格はどちらを使っても同じ100円で，

売上予測を1,000個と考えると，売上は100円×1,000個=100,000円であるのに対して，A社から仕入れたときの限界利益は40円×1,000個=40,000円，B社から仕入れたときの限界利益は20円×1,000個=20,000円と，大きな差が生じています。ここから，操業度にかかわらず一定額である固定費を引いても，この差が縮まることはありません。すなわち，限界利益の差が，もうけの差につながることになるのです。

なお，実際には，一定期間にかかった固定費の額の計算には，それなりの時間がかかります。しかし，利益がいくらでているのかは，企業にとってはできるだけ早く知りたい情報です。したがって，比較的すぐに計算のできる変動費だけを利用した限界利益は，企業のもうけの速報値として，単純な売上の額よりも重要な情報といえます。

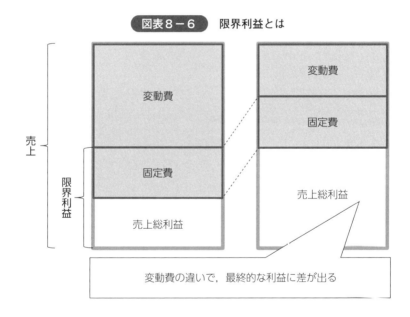

図表8−6 限界利益とは

また，売上総利益は限界利益からさらに固定費を引いた残りになるので，限界利益は固定費を下回ってしまわないようにしなければなりません。これを言い換えれば，限界利益が固定費を上回れば，利益が生じている，すなわち黒字であるということがわかります。一方で，限界利益が固定費を下回ってしまう

と，赤字が生じているということになります。つまり，限界利益と固定費がわかっていれば，事業が赤字なのか黒字なのかも明らかになるのです。

　ちなみに，先ほどの例では同じ企業の同じ商品を扱いましたが，変動費と固定費を分類して，変動費だけを売上高から引くことで，異業種・複数社間でも限界利益の比較が可能になります。この比較は，利益が出やすい，または出にくい企業・事業，変動費が多くかかる，または固定費が多くかかる企業・事業など，企業や事業の特徴を捉えることにも役立ちます。変動費と固定費を分けて考えることは，企業にとってとても重要なことなのです。

（3）損益の分かれ目をみつける分析方法

　商品を売るために必要な情報は，どのくらいの原価（Cost）がかかるのか，どのくらいの操業度（Volume）なのか，そして利益（Profit）はいくらになるのかの3つです。これらを知るための分析方法を，**CVP分析**（Cost-Volume-Profit Analysis），もしくは**損益分岐点分析**といいます。CVP分析を通じて，企業は利益を得られる事業を検討する意思決定を行うことができます。本書ではCVP分析の詳しい計算式までは扱いませんが，CVP分析は固変分解の応用です。興味のある方は管理会計のテキストで学習してください。

❺—「今」を生き抜くための管理会計

　今日の市場経済では，よりよいモノやサービスを生み出し，社会がより豊かになるように，数多の企業が活動しています。企業のとるさまざまな競争戦略にあわせて，用いられる会計手法も多様となっています。商品の企画から販売までのライフサイクル全体にわたる戦略や，マーケティングにあわせた管理会計が求められています。また，お金にかかわる情報だけではなく，顧客満足度や従業員満足度，市場シェアなどのお金にかかわらない情報も重要視されるようになりました。さらに，形のある資産だけではなく，人材や情報，ブランド，文化，技術，特許や著作権などの形のない財産も，企業にとっての資源として捉えられるようになっています。

　現実に，競争に勝ち抜くために，それぞれの企業が独自の工夫を行っていま

す。たとえば，京セラの社長であった稲盛和夫氏は，企業全体をアメーバのような，数人程度で構成される小さなグループの集まりとして扱い，個々のグループに対して高い目標を設定させたうえで，目標達成を目指して個々の従業員に厳密な計数管理を行わせるという，**アメーバ経営**とよばれる独自の管理会計手法を考案しました。稲盛氏は，日本航空が2010年に経営破綻をした際に，会長として迎えられました。このときに，日本航空にもアメーバ経営が導入され，経営の再建に貢献したことで，当時大きな注目を集めました。

　ハーバード・ビジネススクールの名誉教授であるロバート・S・キャプラン（Robert S. Kaplan）は，コンサルティング会社の社長であるデビット・P・ノートン（David P. Norton）とともに，**バランスト・スコアカード**（Balanced Scorecard：BSC）という業績評価の手法を考案しました。バランスト・スコアカードは，お金にかかわる情報以外の情報も含めて，最終的な目標に向けた指標をKPIとして分類・設定する手法です。それぞれの目標が最終的な目標にどのようにつながるのかを，**戦略マップ**とよばれる図として視覚的に把握する過程があることや，お金にかかわる情報以外からも業績評価が行えることから，経営者の戦略に沿った斬新な管理会計手法として，世界的に評価されました。

　このほかにも，製品の品質を一定に保つために行われる検査や，不良品の排除のための原価計算があります（**品質原価計算**）。これは，日本では高度経済成長期に**全社的品質管理**（Total Quality Control：TQC）とよばれる独自の発達を遂

げ，その後アメリカを中心に対抗する形で，TQM（Total Quality Management）を普及させています。

　さらに，環境に配慮した管理会計手法もあります。たとえば，製造過程で生み出される廃棄物を減らすために，廃棄物も原価計算に組み込む**マテリアルフローコスト会計**や，企画・開発から消費者が最後に廃棄するまでの製品の一生を，すべて会計の対象にする**ライフサイクル・コスティング**などがあげられます。

　このように，それぞれの企業が抱える課題に対応する形で，ユニークな管理会計手法がここでは紹介しきれないほどに，多数生み出されています。管理会計の魅力は，企業が目標の達成に向けて積み重ねた努力のなかで，常に柔軟に利用されてきた手段であり，ものづくりにひも付けて具体的に理解できるところにあるといえます。

　企業が利益を得るためには，経営者や部門の管理者による意思決定と業績評価が常時必要です。管理会計は，意思決定と業績評価を行うための情報を随時提供し，経営の効率をあげる役割を果たしています。

参考文献

岡本清・廣本敏郎・尾畑裕・挽文子『管理会計（第2版）』中央経済社，2008年。
櫻井通晴『管理会計（第7版）』同文舘出版，2019年。
山本浩二，小倉昇，尾畑裕，小菅正伸，中村博之（編著）『スタンダードテキスト管理会計論（第2版）』中央経済社，2015年。
　▷管理会計について，より詳しく学習する際には，上記のテキストがおすすめです。
稲盛和夫『アメーバ経営―ひとりひとりの社員が主役』日経ビジネス人文庫，2010年。
大野耐一『トヨタ生産方式の原点―かんばん方式の生みの親が「現場力」を語る』日本能率協会マネジメントセンター，2014年。
ロバート・S・キャプラン，デビッド・P・ノートン著，櫻井通晴，伊藤和憲，長谷川惠一監訳『戦略マップ　復刻版―バランスト・スコアカードによる戦略策定・実行フレームワーク』東洋経済新報社，2014年。

第9章 経営分析

❶─経営分析とは

　企業，とりわけ，上場会社などは，金融商品取引法という法律にもとづいて財務諸表を作成・公表しています。第3章で学んだように，財務諸表は，企業の経営成績や財政状態を表したもので，企業の経済活動を知る上では欠かすことのできない情報源です。

　財務諸表およびその他の非財務情報などを用いて企業の実態を把握し，評価することを，「経営分析」「財務諸表分析」「財務分析」などといいます。これらの用語の定義や区別は必ずしも明確ではありませんが，本章では広く用いられている「経営分析」という用語を使って学んでいくこととします。

　なお，本章で扱う財務諸表は，日本の会計基準で作成されたものとして説明を進めていきます。

❷─損益計算書の見方

　損益計算書は，企業の経営成績を示したものといえます。損益計算書の一例を示すと，**図表9−1**のとおりです。

　この例は，実際に企業が作成・公表している（個別）損益計算書の様式を参考にしながら，一部を簡素化してわかりやすくしたものです。仮に，この損益計算書を作成・公表した企業をA社とよぶこととしましょう。

　ここに記された数値を見ることで，たとえば，この期間（20X1年4月1日か

ら20X2年3月31日まで）のA社の売上高は4,800億円であったこと，また，売上
高から営業に関する諸費用を差し引いた利益（営業利益）は900億円，最終的
な利益は843億円であったことなどがわかります。

図表9−1 損益計算書の例

損益計算書

（単位：百万円）
20X1年4月1日から20X2年3月31日まで

売上高	480,000
売上原価	360,000
売上総利益	120,000
販売費及び一般管理費	30,000
営業利益	90,000
営業外収益	15,000
営業外費用	11,000
経常利益	94,000
特別利益	26,000
特別損失	1,000
税引前当期純利益	119,000
法人税，住民税及び事業税	34,000
法人税等調整額	700
当期純利益	84,300

❸—貸借対照表の見方

　第3章でも学んだように，貸借対照表は，大きく**資産の部，負債の部，純資
産の部**の3つに分かれていて，経営分析上は，資産が「資金の使い道」（運用
形態）を，負債と純資産が「資金の出所」（調達源泉）を示していると考えます。
　また，第5章で学んだように，負債は**流動負債**と**固定負債**に分類されます。
経営分析上は，決算日から1年以内に返済しなければならないものが流動負債
で，そうではなく1年超にわたる負債が固定負債であると簡便に考えればよい
でしょう。

経営分析では，負債を**他人資本**とよぶこともあり，一方で，純資産（とくに，株主資本および評価換算差額等）を**自己資本**とよぶことがあります。

例としてA社の貸借対照表を示すと，**図表9－2**のとおりです。

図表9－2　貸借対照表の例

貸借対照表
20X2年3月31日現在　　　　　　　　　（単位：百万円）

〔資産の部〕			〔負債の部〕	
流動資産		496,000	流動負債	97,000
現金及び預金	200,000		固定負債	183,000
売掛金	170,000		負債合計	280,000
有価証券	15,000		〔純資産の部〕	
商品・仕掛品等	110,000		資本金	100,000
前払費用	1,000		資本剰余金	110,000
			利益剰余金	341,000
固定資産		479,000	自己株式	△9,000
有形固定資産	308,000		評価・換算差額等	154,000
無形固定資産	112,000		新株予約権	0
投資その他の資産	59,000		純資産合計	696,000
繰延資産		1,000		
資産合計		976,000	負債・純資産合計	976,000

この例は，実際に企業が作成・公表している（個別）貸借対照表の様式を参考にしながら，一部を簡素化しています。A社の財政状態は，2,800億円の他人資本（負債）および6,960億円の自己資本による調達で成り立っていることがわかります。このように調達された資本を何に投じているのかというと，もっとも金額の多いものは3,080億円という規模の有形固定資産です。経営をする上で，たとえば土地や工場などに対する巨額の投資が必要となる企業であれば，このように有形固定資産の金額が大きくなります。

❹—財務諸表の利用者と経営分析

企業の財務諸表をもとに経営分析を行う者は，企業の内外に幅広く存在し，その目的もさまざまです。たとえば，企業内部の経営者は，自社の経営の問題

点を知るために経営分析を行うことがあります（内部分析）。他方，投資家は投資の判断のために，取引銀行は当該企業に対する資金の貸付けの可否判断のために分析を行うことがあります。場合によっては，取引先企業も，自社との取引にふさわしい相手かどうかを知るために，分析を行うことがあります（外部分析）。このように，経営分析に関心を持つ者はそれぞれの目的を持っています。

❺——経営分析の方法

　本書の読者が，学習のために経営分析を行う場合には，インターネットを利用して実際の企業の財務諸表を入手し，それを分析することから始めるとよいでしょう。財務諸表は，各企業のホームページで手に入ることもありますが，上場会社などについては，EDINETを利用してもよいでしょう。EDINETでは**有価証券報告書**を閲覧することができますが，この一部として財務諸表が収められているのです（EDINETの詳細は，第4章を参照してください）。

　実際の財務諸表をもとに経営分析を行うときは，まずは大まかに数字を追うことが肝心です。本章では，先にかなり簡素化した貸借対照表を例示しましたが，実際の貸借対照表には50以上もの科目が並ぶことも珍しいことではなく，これをひとつひとつ読み込んでいくことは効率的ではありません。それよりも，金額が大きな数字に着目し，小さな数字はひとまず無視することで全体像を把握するとよいでしょう。たとえば，資産の部に計上されている金額のうち，数字の大きいものをいくつか拾っていけば，その企業が重点的に資金を投じている資産がみえてきます。それは土地かもしれませんし，有価証券かもしれません。

　ただし，数字は小さくとも，営業利益などの科目自体の重要性が高いものは，無視せずに確実に把握しなければなりません。

　また，ある一企業の，ある一期間だけの財務諸表をみて，経営成績や財政状態を評価し判断することは困難です。通常であれば，経営分析に際しては，比較する方法を用います。ここでいう比較とは，1つには**期間比較**であり，これは昨年度と比較しながら，あるいはここ5年間の財務諸表などを用いながら，

今年の評価を行うものです。たとえば，銀行の融資担当者は，融資の実行の可否を検討するにあたり，当該企業の趨勢を知りたがるでしょう。年度によって売上高の変動があまりにも大きく，業績が安定していない企業が相手であれば，長期にわたる取引を躊躇するかもしれません。

　もう１つには，**相互比較**があり，これは同業他社の数値と比較しながら自社の評価を行うものです。たとえば，経営者は，自社の一般管理費が売上高に見合う適切な水準であるのか否かを，同業他社の一般管理費の数値との比較を通じて検討することができます。

　また，比較を行うに際しては，**実数**に注目する方法と**比率**に注目する方法とがあります。

　たとえば，A社の前年度の売上高が4,300億円であったとしましょう。この場合，今期は前期と比較して500億円増加していることとなります（500億円の増収である，などと表現します）。ただし，企業の経済活動は個人の経済活動と比べて規模があまりにも大きいため，昨年度よりも500億円多いといわれても多くの人はピンときません。この場合は，比率（趨勢比率）の考え方を用いて，約12％の増収である，と表現したほうがわかりやすい場合が多いのです。

　比率を使った分析方法には，構成比率，趨勢比率，関係比率がありますが，経営分析で多く用いられるのは**関係比率**です。以下においては，この関係比率を中心に学んでいきます。

　関係比率とは，損益計算書，貸借対照表あるいはその他の数値の中から，異

なる2つ（もしくはそれ以上）の数値を関係づけた比率のことです。たとえば，先に例示した損益計算書によるとA社の売上高は4,800億円ですが，従業員数は2万4,000人だったとしましょう。前者を後者で割れば，「従業員1人あたり売上高」が2,000万円であると計算できます。このような数値を同業他社と比較することで，A社の従業員の「収益をあげる力」を評価することが可能となります。

以下，関係比率分析の算定式について，例を挙げます。

（1）売上高利益分析

まずは，損益計算書の数値を用いた指標をみていきましょう（**図表9－3**）。ここで学ぶ**売上高利益分析**は，売上高のうち，何％が利益となったのかを示すものであり，感覚としてわかりやすく，実務でもよく使われる分析手法です。

図表9－3 売上高利益分析の指標

比率名および算定式	概　要
売上高営業利益率 営業利益÷売上高×100〔％〕	当期の売上高に対して営業利益が何％あったかを示す。
売上高経常利益率 経常利益÷売上高×100〔％〕	当期の売上高に対して経常利益が何％あったかを示す。
売上高当期純利益率 当期純利益÷売上高×100〔％〕	当期の売上高に対して当期純利益が何％あったかを示す。

たとえば，A社の売上高営業利益率は，900億円÷4,800億円×100と計算され，約18.8％です。同様に計算すると，売上高経常利益率は約19.6％，売上高当期純利益率は約17.6％となります。

（2）短期支払能力分析

一方で，貸借対照表の数値を用いたものとして，まずは**短期支払能力分析**を学びましょう（**図表9－4**）。これは，簡単にいえば，1年以内に支払期限が到来する負債（流動負債）を支払う資金がどれくらいあるかをみるものです。

図表9－4　　短期支払能力分析の指標	
比率名および算定式	概　要
流動比率 　　流動資産÷流動負債×100〔％〕	短期的な負債に対して流動資産がどれくらいあるかを示す。
当座比率 　　当座資産（現金預金＋受取手形＋売掛金＋ 　　有価証券）÷流動負債×100〔％〕	換金性の高い当座資産と，流動負債との比率であり，流動比率を補完するもの。

　A社の流動比率を計算してみましょう。先に示した貸借対照表のうち，流動資産に属する科目の合計額は4,960億円となるので，これを流動負債額（970億円）で割り，100をかけると約511.3％になります。また，当座比率は約396.9％です。

（3）資本の安定性分析

　上記短期支払能力分析のほかに貸借対照表の数値を用いた分析としては，**資本の安定性分析**があります。これは，企業の資本構成から企業の安全性をみる指標です（**図表9－5**）。

図表9－5　　資本の安定性分析の指標	
比率名および算定式	概　要
自己資本比率 　　自己資本÷総資本×100〔％〕	総資本のうち，自己資本の占める割合がどのくらいかを示す。総資本は，負債と純資産の合計額。
負債比率 　　負債÷自己資本×100〔％〕	自己資本に対する負債の割合がどの程度かを示す。

　A社の自己資本比率は，約71.3％です。また，負債比率は約40.2％です。

（4）総合収益性分析

　次に，企業の総合成績ともいえる**総合収益性分析**について学びましょう。これは，損益計算書の数値と貸借対照表の数値を組み合わせたものです。

　企業の成績は，営業利益や当期純利益などの実額をみるだけでは不十分です。経営分析の世界では，元手である資本に対してどれだけの利益を上げているか

を示す指標である**資本利益率（資産利益率）**を企業の総合成績とみなすことが多いのです。

　総合的な収益性を示す指標としては，**図表9−6**を参照してください。

| 図表9−6 | 総合収益性分析の指標 |

比率名および算定式	概　要
総資本営業利益率 　営業利益÷総資本×100〔％〕	総合的な収益性を表す。
自己資本当期純利益率（ROE） 　当期純利益÷自己資本×100〔％〕	調達源泉を自己資本に限定し，これがどれだけ効率的に当期純利益を稼得したのかを表す。

　A社の総資本営業利益率は，約9.2％です。また，自己資本当期純利益率は約12.1％です。

　なお，総資本は，厳密には前期末と当期末の平均値を求めるべきですが，本章では当期末の値を用いる簡便な方法を採用しています。また，自己資本も，厳密には新株予約権を含めませんが，本書ではこのような詳細な説明は省略しています。

コラム㉑　回転率分析と回転期間分析

　本章において説明した指標の他に，損益計算書の数値と貸借対照表の数値を組み合わせたものとしては，回転率分析や回転期間分析が挙げられます。企業が投下した総資本の回収速度を示す**総資本回転率**，有形固定資産の回収速度を示す**有形固定資産回転率**，未回収の売上債権の回収にかかる日数を示した**売上債権回転期間**，棚卸資産のおおまかな在庫期間を示す**棚卸資産回転期間**などです。

　本章ではくわしい説明は省略しますが，いずれも実務上よく用いられている経営分析指標です。

---

❻—分析をする上で注意すべきこと

　❹で述べたように，経営分析をする者の動機はさまざまです。加えて，関係比率の算定式には数多くの組み合わせが存在します。したがって，経営分析の

目的である企業評価にあたっては，唯一絶対の方法は存在しません。すなわち，どのような比率を重視しこれを企業の評価につなげていくのかは，経営分析を行う者の目的によってさまざまである点には注意が必要です。利益項目を例に挙げるとすれば，一般論として，銀行員は営業利益や経常利益に関連する数値を重視するといわれ，投資家は当期純利益に関連する数値を重視する傾向があるといわれます。

　また，本章では，経営分析には比較という作業が欠かせないこと，相互比較を行う際には同業他社を比較対象とすることを指摘しました。一方で，経営分析に慣れない段階では，業種が異なる企業間の比較は避けるようにしましょう。財務諸表には，**業種の特性**が表れるからです。

　たとえば，鉄道会社が多額の有形固定資産を計上することと，IT企業が多額の有形固定資産を計上することとでは，数値の持つ意味が異なります。鉄道会社は，その業種の特性上，多額の有形固定資産を持つことがいわば当たり前です。一方，土地や工場，大型の機材をあまり必要としないはずのIT企業が，多額の有形固定資産を保有するのであれば，それは何らかの経営判断である可能性があります。あるいは，小売業などのいわゆる「現金商売」は流動比率が極端に低いことが多いのですが，これも業種の特性であり，必ずしも支払能力の危機を意味しません。

　以上のような業種特性の理解は，実際に経営分析を行いながら慣れていく必要があります。以上のような特性を熟知する前に異業種間の比較分析を行おうとすると，的外れな分析になってしまう恐れがあります。

　加えて，分析上注意すべき点としては，利益情報とキャッシュとの関係です。すなわち，黒字を計上している企業が必ずしも潤沢な現金預金を保有しているわけではありません。また，簿記上の損益計算には第2章でも言及した減価償却などの，現金の流出を伴わない費用が含まれています。経常利益の金額などは，この減価償却費を計算に入れた上での数値であることにも注意しましょう。なお，成長企業においては，黒字でありながらも手元の現金預金が不足し，多額の資金調達を必要とすることがあります。利益があっても支払いのための現金はない可能性があるわけで，「利益とキャッシュは別物」と考えてください。

❼──連結財務諸表の分析にむけて

　今日の経営分析においては，**連結財務諸表**の分析を行うことが主流です。つまり，個別の企業だけではなく，子会社などの状況をも合わせて反映させた，企業グループの財務諸表を分析するのです。連結財務諸表には，個別財務諸表にはない特有の科目なども存在します。本章では，個別財務諸表の分析のみ説明しましたが，これは連結財務諸表の分析の前提知識と位置づけられます。応用編として，ぜひ連結財務諸表の分析にも挑戦してください。

コラム㉒　　PER・PBR・配当性向

　株式投資にあたっては，損益計算書・貸借対照表の数値と，株価あるいは発行済株式数などを組み合わせるタイプの関係比率が用いられることがあります。株式市場については，しばしば経済ニュースなどでも登場します。応用になりますが，**図表９−７**のような指標も投資やそのニュースの理解には役に立つでしょう。

図表９−７　　PER・PBR・配当性向

比率名および算定式	概　要
株価収益率（PER） 　株価÷１株あたりの当期純利益〔倍〕	当期純利益をもとに，株価の水準（割高か割安か）を判断するもの。
株価純資産倍率（PBR） 　株価÷１株あたりの純資産〔倍〕	純資産をもとに，株価の水準（割高か割安か）を判断するもの。
配当性向 　配当総額÷当期純利益×100〔％〕	当期純利益の中からどれくらいを配当に回したのかを示す。

　なお，ここで示した１株あたりの当期純利益とは，当期純利益を発行済株式数（期中平均株式数）で割ったものです。

参考文献

青木茂男（編著）『要説経営分析（五訂版）』森山書店，2016年。
政岡光宏（編著）『初めて学ぶ財務諸表分析（三訂版）』同文舘出版，2013年。
大阪商工会議所（編）『ビジネス会計検定試験公式テキスト３級（第４版）』中央経済社，2019年。
　▷いずれも本章の内容に関係するテキストです。最後のものは，経営分析を中心とした検定

　　試験のテキストになっています。

中小企業庁『中小企業の財務指標（概要版）』中小企業庁ホームページ（https://www.
　　chusho.meti.go.jp/koukai/chousa/zaimu_sihyou/download/H19zaimu_sihyou_gaiyou.pdf）。
　　▷本章で紹介した比率の算定式についての図表は，これをもとに作成しています。

第10章 公会計

❶—公会計の範囲と役割

　わが国において、「**公会計**」は公的部門の会計（Public Sector Accounting）の意味で用いられています。公的部門には、中央政府および地方政府とも称される国および地方公共団体（以下、通称の「地方自治体」という）が含まれます。政府以外には、どこまで公的サービスの供給を担っている組織を対象にするか議論となりますが、NPO法人、公益法人、学校法人、社会福祉法人、医療法人などの民間の**非営利組織**（Non-Profit Organization：**NPO**）を広義に含めています。非営利組織は、利益の獲得を目的とする企業とは異なり、利益の獲得ではなく、公共の福祉の実現を目的としているからです。

　国および地方自治体の会計（**官庁会計**ともよぶ）は、強制的に税等を徴収してその活動に必要な財源を調達することから、税金の使途を明らかにする説明責任があります。他方、NPO法人のような**非営利法人**の会計は、会員等が組織の目的に賛同して自発的に提供した資源（会費や寄付金など）を活動に必要な財源として調達することから、構成員に利益の分配をしないことから、現金収支の均衡状況を明らかにする説明責任があります。

　本章では、国および地方自治体の会計と、民間の非営利組織の例として、NPO法人および学校法人の会計を説明しています。

❷─国の会計

（1）国の財政活動

国の**財政活動**には，何があるでしょうか。それは，私たちの日常の暮らしに深く関係していますが，そのしくみは，一般に複雑でわかりにくいといわれています。

国は，外交，国防，警察といった基本的な任務のほか，社会保障の充実，教育，科学技術の振興，社会資本の整備，雇用対策の推進など民間の経済活動を補い，また，民間の経済活動によっては充たすことができないあらゆる分野にわたる活動をしています。これらの活動のために必要な資金は，租税という形で国民から強制的に徴収するほか，受益者負担の観点から各種のサービスを供給する際に手数料を求めています。ただし，これらの収入によって賄い切れない資金については，公債の発行（借金）などによって調達しています。

つまり，国の財政活動は，その財源を国民から租税として徴収し，それを適正に配分することを基本にしています。そのため，財政活動は，国民の代表である国会の議決に基づいて成立した**予算**によって実行し，その執行実績として予算に対応した決算を作成しています。この場合，国の会計では，現金の収入および支出の判断を確実かつ健全に行うことが重要であるため，現金授受の事実を重視する「**現金主義**」を採用しています。

決算は，予算とは異なり，国会の議決によって財政活動を規律するというものではありません。執行した予算の実績について，国会，すなわち国民に対して事後的な報告をするものです。わが国では，**会計検査院**が，国の収入支出の決算，政府関係機関・独立行政法人等の会計，国が補助金等の財政援助を与えている組織の会計などを検査し，その検査報告を内閣が国会に提出します。検査は，国の監査のことですが，この用語は憲法で定められているため，容易に変更はできません。

（2）経済戦略会議の提言

　日本の財政状況は悪化しています。バブル経済崩壊後の1990年度を契機として，国の支出である**一般会計歳出**と収入である一般会計歳入との差が拡大し，これに伴って**特例公債（赤字国債）**の発行額が増大しています。

　わが国においては，近年の財政悪化を背景として，財政状況をよりわかりやすく国民に説明すべきであるという要請が高まりました。このような状況のもとで，首相直属の諮問機関である**経済戦略会議**が1999年2月に「日本経済再生への挑戦」（経済戦略会議答申）を公表しました。そこでは，日本の財政は国および地方ともに危機的な状況にあると指摘し，この状況を打破するためには「公会計制度の改善」が必要であると提言しています。公的部門の効率化・スリム化を進め，政策の事後評価を行うために，決算を重視すべきであると指摘しています。そして，国および地方自治体のいずれにおいても，会計制度等の抜本的改革を進め，会計の財務情報基盤を整備する必要性を示しています。**図表10-1**は，その具体的な方向性を示しています。現在，わが国の**公会計制度改革**はこの提言内容を根拠に実施されているといえます。

図表10-1	公会計制度の改善に向けた方向性

○ 国民に対して政府及び地方公共団体の財政・資産状況をわかりやすく開示する観点から，企業会計原則の基本的要素を踏まえつつ財務諸表の導入を行うべきである。
○ 具体的には，複式簿記による貸借対照表を作成し，経常的収支と資本的収支を区分する。
○ 公的部門全体としての財務状況を明らかにするため，一般会計，特別会計，特殊法人等を含む外郭団体の会計の連結決算を作成する。
○ 現金主義から発生主義に移行する。
○ 以上の改善を進めるなかで，地方自治体については，全国統一の基準に基づいて財務諸表を作成・公表することにより，各自治体間の比較・評価を可能とすべきである。
○ 決算に関しては，外部監査の導入・拡充を行うとともに徹底した情報開示を行う必要がある。

(出所) 経済戦略会議「日本経済再生への戦略（経済戦略会議答申）」1999年。

（3）国の財務書類

① 財務書類の整備状況

　国の貸借対照表は，どのように作成するのでしょうか。2000年10月に，会計学，会計実務，財政学および財政実務の専門家が，「国の貸借対照表作成の基本的考え方」を公表しました。この報告書では，国の貸借対照表が，国の財政事情を国民にわかりやすく説明することに役立ち，財政政策の説明責任（アカウンタビリティ）の向上に資することを強調しています。

　また，上記の報告書の内容に基づき，財政事情の説明手法に関する勉強会が，同年10月に「国の貸借対照表（試案）」（1998年度決算分）を公表しました。これにより，国の財政事情に関する説明方法をめぐる議論の進展が見られました。その後，一般会計および特別会計を合算した国全体のストック情報が，1998年度決算分から開示されました。また，特殊法人等も含めた連結財務諸表も2000年度決算分から併せて公表されました。

　国の財務書類の構成については，財政制度等審議会が2003年6月に「公会計に関する基本的考え方」を公表し，まず**省庁別財務書類**の作成基準を提起しました。この結果，省庁ごとにフローとストックの情報を開示する省庁別財務書類が，2002年度決算分から作成・公表されるようになりました。

　以上のような整備段階を経て，2005年9月に「国の財務書類」が作成・公表
されました。この結果，省庁別財務書類の計数を基礎として，国全体の資産や
負債などのストック情報と費用や財源などのフロー情報が2003年度決算分から
開示されました。さらに，一般会計および特別会計を合算した「国の財務書
類」のほかに，参考として，国の業務と関連する事務・事業を行っている独立
行政法人などを連結した「連結財務書類」も作成・公表されています。

　なお，この当時，貸借対照表を作成する地方自治体として，三重県，熊本県，
東京都，神奈川県，大分県臼杵市，北海道札幌市などが話題になりました。

②　財務書類の体系

　国の財務諸表である「国の財務書類」は，国会で議決される予算および報告
される決算とは別に，補足的な財務報告として作成されています。財務書類の
作成に際しては，歳入歳出決算書等の決算値をもとに，**①貸借対照表，②業務
費用計算書，③資産・負債差額増減計算書，④区分別収支計算書**に該当する勘
定科目への組替えが行われます。このように，財務書類は，現金主義会計によ
る予算および決算を補完するものとして位置づけられています。

　図表10－2は，国の財務書類の体系とその作成目的を示しています。国の
財務書類の体系は，上記の①から④の財務書類4表に加えて，これらに関連す
る事項の附属明細書が含まれます。貸借対照表と区分別収支計算書は，企業会
計とほぼ同様の形態ですが，業務費用計算書と資産・負債差額増減計算書は，
国の財政活動の特性を踏まえた独自の工夫がなされています。たとえば，業務
費用計算書は，業務実施に伴って発生した費用を明らかにしています。また，
資産・負債差額増減計算書は，税収等の財源や業務費用計算書に計上されない
資産評価差額等，貸借対照表の資産・負債差額についての増減を要因別に明ら
かにしています。本年度の業務費用を財源で賄えているかをみることができま
す。

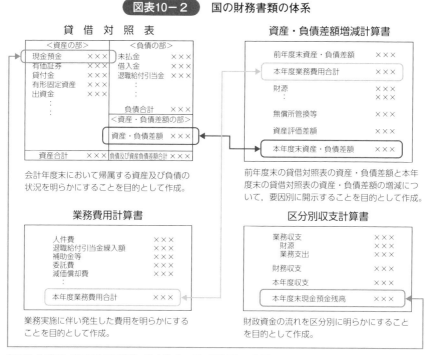

図表10-2　国の財務書類の体系

貸借対照表

<資産の部>		<負債の部>	
現金預金	×××	未払金	×××
有価証券	×××	借入金	×××
貸付金	×××	退職給付引当金	×××
有形固定資産	×××		
出資金	×××		
⋮		負債合計	×××
		<資産・負債差額の部>	
		資産・負債差額	×××
資産合計	×××	負債及び資産負債差額合計	×××

会計年度末において帰属する資産及び負債の状況を明らかにすることを目的として作成。

資産・負債差額増減計算書

前年度末資産・負債差額	×××
本年度業務費用合計	×××
財源	×××
⋮	×××
無償所管換等	×××
資産評価差額	×××
本年度末資産・負債差額	×××

前年度末の貸借対照表の資産・負債差額と本年度末の貸借対照表の資産・負債差額の増減について，要因別に開示することを目的として作成。

業務費用計算書

人件費	×××
退職給付引当金繰入額	×××
補助金等	×××
委託費	×××
減価償却費	×××
⋮	
本年度業務費用合計	×××

業務実施に伴い発生した費用を明らかにすることを目的として作成。

区分別収支計算書

業務収支	×××
財源	×××
業務支出	×××
財務収支	×××
本年度収支	×××
本年度末現金預金残高	×××

財政資金の流れを区分別に明らかにすることを目的として作成。

（出所）財務省「『国の財務書類』ガイドブック」2021年，5頁。

コラム㉓　借金大国の日本

　国の財政は，予算制度に基づく法的規制を受けていますが，近年では，増大する社会保障関係費や国債費の負担により，その財源の大きな部分を国債発行に依存する状況が続いています。

　政府において，財政健全化の出発点となる指標として2002年から掲げている国と地方自治体を合わせた**基礎的財政収支（プライマリーバランス）**の黒字化という目標は未だに達成されていません。その結果，政府債務残高が増大し，先進諸国でも稀な借金大国となっています。

　2021年8月10日に財務省が公表した「国債及び借入金並びに政府保証債務現在高」（令和3年6月末現在）は，1,220兆6,368億円（このうち，国債が約1,067兆円，借入金が約51兆円，政府短期証券が約103兆円）となり過去最大を更新しています。さらには，政府保証債務現在高も約34兆円あり，将来の偶発債務のリスクが危惧されます。

　2021年1月1日時点の総人口1億2,557万人（総務省推計）で割ると，国民1人当たり約972万円の借金を抱えていることがわかります。

❸—地方自治体の会計

（1）財務書類の整備状況

　地方自治体の財務書類の作成にあたっては，会計基準にあたる基準モデルが示されています。総務省が2014年4月に公表した「今後の新地方公会計の推進に関する研究会報告書」では，**固定資産台帳**の整備と複式簿記の導入を前提とした財務書類の作成に関する「**統一的な基準**」を提示しています。その後，総務省は，2015年1月に「統一的な基準による地方公会計マニュアル」を公表しています。そこでは，統一的な基準による財務書類の作成手順や資産の評価方法，固定資産台帳の整備手順，連結財務書類の作成手順，事業別・施設別のセグメント分析をはじめとする財務書類の活用方法等が示されています。同時に，総務大臣による「統一的な基準による地方公会計の整備促進について」の文書が通知されるとともに，総務大臣自らが閣議後の記者会見において，統一的な基準による財務書類を，原則として2015年度から2017年度までの3年間で作成し，予算編成等に積極的に活用するよう要請しています。

　これは法律で定められたものではなく，あくまで各地方自治体（都道府県および市区町村）に対する国からの要請ですが，総務省が公表した「統一的な基準による財務書類の整備状況等調査」（2019年3月31日時点）によると，①**一般会計等財務書類**の整備が1,695団体（全団体の94.8％）であること，②固定資産台帳の整備が1,778団体（全団体の99.4％）であることが明らかになりました。地方自治体の財務書類の整備は現状でほぼ達成したといえます。

　したがって，今後，各地方自治体において統一的な基準による財務書類が作成されることにより，ⓐ**発生主義**と**複式簿記**の導入，ⓑ固定資産台帳の整備，ⓒ比較可能性の確保といった観点から，財務書類のマネジメント・ツールとしての機能が従来よりも格段に向上することが考えられます。これまでのように

単に財務書類を作成するだけではなく，予算編成や行政評価等に積極的に活用していくことが期待されています。

（2）財務書類の体系

前述した「今後の新地方公会計の推進に関する研究会報告書」では，統一的な基準による財務書類の体系が，①貸借対照表，②**行政コスト計算書**，③**純資産変動計算書**，④**資金収支計算書**およびこれらの財務書類に関連する事項についての附属明細書であることを示しています。

ここまでの各章でも述べたように，貸借対照表は，資産とその資産がどのような財源で賄われたかを表しており，これは地方自治体の場合も同じです。資産と負債というストック情報として，財政状況を明らかにしているのです。

行政コスト計算書は，企業会計における損益計算書に相当します。行政サービスを提供するために使われた費用と，手数料などの収入とを対比します。

純資産変動計算書は，純資産がどのように増減したかを明らかにします。

資金収支計算書は，1年間の資金の動きを把握し，行政サービス，資産形成，財務活動に関する収支を明らかにします。

図表10－3は，地方自治体の財務書類の体系と相互関係を示しています。

図表10－3　地方自治体における財務書類（4表形式）

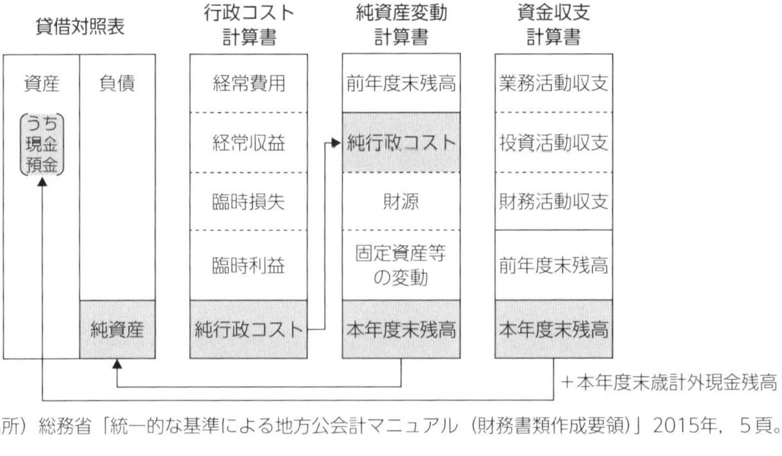

(出所) 総務省「統一的な基準による地方公会計マニュアル（財務書類作成要領）」2015年，5頁。

　行政コスト計算書および純資産変動計算書については，それらを別々の計算書として4表形式にするか，あるいは，その2つを結合した計算書として3表形式にするか，それは各地方自治体に任されています。

　財務書類の相互関係では，ⓐ貸借対照表の資産のうち，「現金預金」の金額は，資金収支計算書の本年度末残高に本年度末歳計外現金残高を足したものとなります。ⓑ貸借対照表の「純資産」の金額は，資産と負債の差額として計算されますが，これは純資産変動計算書の期末残高と対応しています。ⓒ行政コスト計算書の「純行政コスト」の金額は，純資産変動計算書に記載されます。

　なお，本章では地方自治体が実際に作成・公表している財務書類の例を掲載しませんでしたが，参考資料に示した総務省のインターネットのアドレスにアクセスすることで確認することができます。

❹—NPO法人の会計

（1）NPO法の目的と概要

　国や地方自治体，民間企業等では手を出せない地域や社会の課題に対して，市民が主体となって自発的に解決していこうとするボランティア団体を，一般的には非営利組織（NPO）とよんでいます。非営利組織の法人形態は多様ですが，いずれも現在では，行政との協働の取組みにおいて重要な役割が期待されています。本節では，その中でもまず**特定非営利活動法人**（通称「**NPO法人**」とよばれる）を例にその会計を学びます。

　わが国では，1995年に起こった阪神・淡路大震災を契機に，ボランティア活動を支援する新たな制度として「特定非営利活動促進法（以下「NPO法」という）」が1998年3月に制定されました。この法律の目的は，「ボランティア活動をはじめとする市民が行う自由な社会貢献活動としての特定非営利活動の健全な発展を促進し，もって公益の増進に寄与すること」にあります。主要な活動には，保健・医療・福祉，社会教育，まちづくり，学術・文化・芸術・スポーツ，環境の保全，子どもの健全育成などがあります。NPO法人は，「営利を目的としない」団体と定義されています。「営利を目的としない」とは，団体の

構成員に対して利益を分配したり財産を還元したりしないことを意味しています。

　図表10－4は，NPOから所轄庁への法人認証申請と，その後の認定申請のプロセスを示しています。所轄庁は，その主たる事務所の所在する都道府県の知事（認証事務の権限を委譲された市町村の長を含む）となりますが，政令指定都市にのみ事務所が所在する場合はその長となります。

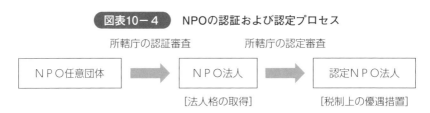

図表10－4　NPOの認証および認定プロセス

所轄庁の認証審査　　　　　　所轄庁の認定審査

ＮＰＯ任意団体　→　ＮＰＯ法人　→　認定ＮＰＯ法人

[法人格の取得]　　　　　　[税制上の優遇措置]

（2）NPO法人の会計基準と情報開示の拡大

　NPO法が制定された当時には，NPO法人のための会計基準は存在しませんでした。そのため，NPO法人が公表する会計報告は千差万別となり，外部情報利用者にとって，その活動実態がわかりにくく，比較ができないという状況にありました。

　このような状況のもとで，全国各地のNPO支援センターからなるNPO法人会計基準協議会を主体に，2010年7月に「**NPO法人会計基準**」が策定・公表されました。この会計基準の策定に際しては，NPO法人の信頼性を向上すること，市民にとってわかりやすい会計報告にすることで支援者の意思決定をしやすくすることに焦点が置かれました。

　2011年6月の改正NPO法では，所轄庁の変更や認証制度の柔軟化・簡素化などいくつかの重要な改正が行われ，会計の明確化として「収支計算書」がNPO法人会計基準に基づいた「活動計算書」に変更されました。次いで，2016年6月の改正NPO法では，内閣府ポータルサイトにおける情報提供の拡大，貸借対照表を作成後に遅滞なく公告することなどが変更されました。

　特に，内閣府NPO法人ポータルサイトを活用した積極的な情報の公開では，所轄庁およびNPO法人の役割が期待されています。NPOポータルサイトには，

①NPO法人名，②行政入力情報，③閲覧書類等（年度別の事業報告書，活動計算書，貸借対照表，財産目録と定款等），④所轄庁情報の項目が掲載されており，インターネット検索でアクセスしやすい環境が整っています。

　NPO法人会計基準は，国が定めたものではなくNPO法人にその採用義務はありませんが，内閣府が2018年3月に公表した「平成29年度特定非営利活動法人に関する実態調査報告書」によると，NPO法人が採用している会計基準は「NPO法人会計基準」が全体で69％と最も多くなっています。また，情報開示手段では，NPO法に基づく閲覧以外に，「自身が運営するインターネット・ホームページで一般向けに公開している」が全体で57.8％と最も多くなっています。

（3）財務諸表の体系と勘定科目

　図表10－5は，NPO法人会計基準における財務諸表の構成をまとめています。「**活動計算書**」と「**貸借対照表**」は，NPO法人が作成しなければならない財務諸表です。また，「財務諸表の注記」を非常に重要な会計情報として会計報告に組み込み，財産目録を含めて財務諸表等と表現しています。なお，NPO法では財務諸表ではなく計算書類と表現しています。

図表10－5　NPO法人会計基準における財務諸表の構成

○活動計算書：「収益」－「費用」＝「当期正味財産増減額」

　➡当期正味財産増減額＋前期繰越正味財産額＝<u>次期繰越正味財産額</u>

○貸借対照表：「資産合計」＝「負債合計」＋「正味財産合計」

　➡前期繰越正味財産＋当期正味財産増減額＝<u>正味財産合計</u>

一致する

　活動計算書は，当該事業年度に発生した収益，費用および損失を計上することにより，NPO法人のすべての正味財産の増減の状況を明瞭に表示し，NPO法人の活動の状況を表しています。ただし，NPO法人は，営利を目的としない活動をしているため，活動に充てる費用をどのような収益で賄ったか，この活動の結果，正味の財産がどれだけ増減したかを「当期正味財産増減額」で計

算している点に注意が必要です。この当期正味財産増減額は，営利企業の損益計算書で算定される「当期純利益」に相当することから，この金額の赤字が続くとNPO法人の経営は安定しなくなります。

　活動計算書は，経常収益，経常費用，経常外収益および経常外費用に区分表示をします。この場合，経常収益の勘定科目は，「受取会費」「受取寄付金」「受取助成金等」「事業収益」「その他の収益」となります。経常費用は，「事業費」と「管理費」に大別したうえで，「人件費」「その他の経費」に区分しています。特別に該当する項目がない場合には省略することができます。

　次いで，貸借対照表は，当該事業年度末現在におけるすべての資産，負債および正味財産の状態を明らかにしています。貸借対照表は，資産の部，負債の部および正味財産の部に区分して表示します。この場合，正味財産の部は，正味財産合計の内訳として，前期繰越正味財産（前期のフロー額）と当期正味財産増減額（当期のフロー額）を区分表示します。

❺—学校法人の会計

（1）私立学校法と学校法人会計基準の概要

　文部科学省が2020年12月に公表した「令和2年度学校基本調査」によると，わが国の高等教育機関（大学，短期大学，高等専門学校）は，私立学校が78.6%で，その学生が73.4%を占めています。

　私立学校とは，「**私立学校法**」（1949年制定）を根拠に設立された**学校法人**が設置する学校をいいます。学校法人も，非営利組織の法人形態の1つです。私立学校の大学（短期大学を含む）および高等専門学校を設置する学校法人の所轄庁は文部科学大臣です。

　私立学校法の目的は，「私立学校の特性にかんがみ，その自主性を重んじ，公共性を高めることによって，私立学校の健全な発達を図ること」にあります。そのため，学校法人は，その設置する私立学校に必要な施設および設備またはこれらに要する資金ならびにその設置する私立学校の経営に必要な財産の保有が義務づけられています。学校法人が充実した教育研究活動を行うためには，

校地，校舎，機器備品，図書，現金預金などの資産が必要不可欠になります。
したがって，安定的に資産の取得金額を賄うために，**事業活動収入（自己資金）**
から資金を組入れる「**基本金制度**」が導入されています。

　学校法人会計基準（1971年制定）は，補助金の適正な配分と効果および学校
法人の会計の標準化を図るために，私立学校法に基づいて文部科学省により規
定されています。学校法人の会計は，「**私立学校振興助成法**」（1976年制定）に
規定する補助金の交付を受ける学校法人に対して，学校法人会計基準に従った
会計処理を要請し，貸借対照表，収支計算書その他の財務計算に関する書類
（以下「計算書類」という）の作成を義務づけています。

（2）財務情報等の公開状況

　私立学校法では，学校法人に対して，毎会計年度終了後2カ月以内に，**財産
目録，貸借対照表，収支計算書**および**事業報告書**の作成を義務づけています。
また，これらの計算書類とともに，学校法人の業務または財産の状況を監査し
た**監事**が毎会計年度に作成した監査報告書を，当該学校法人の利害関係者が閲
覧できるように義務づけています。文部科学省では，学校法人に対して，自ら
のホームページ等を活用するなど積極的な情報公開への取組みや工夫等の進展
を要請しています。

　このような状況のもとで，文部科学省は，2019年3月に「平成30年度学校法
人の財務情報等の公開状況に関する調査結果について」（平成30年10月1日現在）

を公表しましたが，そこでは，ホームページにおける財務情報等の公開については，文部科学大臣所轄のすべての学校法人が実施しているという実態がわかりました。文部科学省は，各学校法人の財務情報等が掲載されるホームページのURLのリストを公表し，広く一般（受験生等を含む）に対しても，インターネットを通じて，いつでも，どこでも，学校法人の財務情報等にアクセスできる環境の周知を図っています。

（3）計算書類（財務3表）の特徴

　学校法人会計基準には，「財務3表」とよばれる学校法人が作成しなければならない3つの計算書類が規定されています。このうち**資金収支計算書**は，補助金の適正な配分と効果を把握するため，当該会計年度の諸活動に対応するすべての収入および支出の内容ならびに当該会計年度における支払資金（現金預金）の収入および支出のてん末を明らかにしています。資金収支計算書には3つの内訳表がありますが，このうち**活動区分資金収支計算書**は，資金収支計算書の決算額を組替えて3つの活動区分（教育活動，施設整備等活動，その他の活動）ごとに再編し，活動ごとの資金収支の流れを明らかにしています。これは企業会計でいえば，キャッシュ・フロー計算書に相当します。

　事業活動収支計算書は，経常的収支（教育活動収支と教育活動外収支）と臨時的収支（特別収支）に分けて，それぞれの収支状況を把握できるようにしています。そこでは，当該会計年度における教育活動収支，教育活動外収支および特別収支に係る事業活動収入（帰属収入）と事業活動支出（消費支出）の内容と，基本金組入後の均衡状態を明らかにしています。企業会計では損益計算書に相当しますが，学校法人は営利を目的としていないため，収支均衡の把握と永続性がその主要な目的となります。

　貸借対照表は，資産の部，負債の部および純資産の部（「基本金」勘定と「**繰越収支差額**」勘定）の残高を表示し，当該会計年度末の学校法人の財政状態を明らかにしています。企業会計における貸借対照表とほぼ同じものですが，純資産の部で計上される基本金と繰越収支差額は，学校法人会計の特有な勘定科目です。資産の部は，企業会計とは逆に固定資産がはじめに書かれる固定性配列法で勘定科目が配置されます。特に固定資産の中科目に，基本金制度の下で，

基本金組入額に関連する引当特定資産等の科目と金額が計上される特定資産勘定があるのが特徴的です。

❻—その他の非営利組織の会計

　非営利組織の法人には，他にも多くの種類があります。たとえば，公益法人（社団法人および財団法人），医療法人，宗教法人，社会福祉法人，独立行政法人，地方独立行政法人，国立大学法人，公立大学法人，政党，労働組合，消費生活協同組合（生協），信用組合，等々です。これらは，それぞれに独自の会計基準を持ち，会計処理が行われています。所轄庁もそれぞれに異なります。

　私たちの周囲で多くの非営利組織が活動していることがわかります。公会計の範囲は広大ですが，発展的な学習として，関心のある身近な非営利組織の会計を調べてみるとよいでしょう。

参考文献

馬場英朗・大川裕介・林伸一（編著）『入門公会計のしくみ』中央経済社，2016年。
山本清『政府会計の改革—国・自治体・独立行政法人会計のゆくえ』中央経済社，2001年。
　▷いずれも本章の内容に関係するテキストです。
NPO法人会計基準協議会『NPO法人会計基準ハンドブック』（2017年12月改正対応版），NPO法人会計基準協議会，2018年。
NPO法人会計基準協議会ホームページ（http://www.npokaikeikijun.jp/）。
経済戦略会議「日本経済再生への戦略（経済戦略会議答申）」，1999年（http://www.ipss.go.jp/publication/j/shiryou/no.13/data/shiryou/souron/13.pdf）。
財務省・財政事情の説明手法に関する勉強会「国の貸借対照表」（試案），2000年。
財務省・財政制度等審議会「公会計に関する基本的考え方」，2003年。
財務省「国債及び借入金並びに政府保証債務現在高」（令和3年6月末現在），2021年。
財務省「令和元年度『国の財務書類』のポイント（一般会計・特別会計及び『連結』）」，2021年。
財務省「『国の財務書類』ガイドブック」，2021年。
総務省「今後の新地方公会計の推進に関する研究会報告書」，2014年。
総務省「統一的な基準による地方公会計マニュアル」，2015年。
総務省「統一的な基準による財務書類の整備状況等調査」（平成31年3月31日時点），2019年。
財務省ホームページ「国の財務書類」（https://www.mof.go.jp/budget/report/public_finance_fact_sheet/index.htm）。
総務省ホームページ「令和元年度決算に係る統一的な基準による財務書類の各地方公共団体

のホームページにおける公表状況」(https://www.soumu.go.jp/iken/kokaikei/H30_chihou_
kouhyou.html)。

内閣府「特定非営利活動促進法のあらまし」，2017年。

内閣府「平成29年度特定非営利活動法人に関する実態調査報告書」，2018年。

内閣府「NPOホームページ」(https://www.npo-homepage.go.jp)。

文部科学省・学校法人会計基準の諸課題に関する検討会「学校法人会計基準の諸課題に関す
る検討について（課題の整理）」，2012年。

文部科学省・学校法人会計基準の在り方に関する検討会「学校法人会計基準の在り方につい
て：報告書」，2013年。

文部科学省「平成30年度学校法人の財務情報等の公開状況に関する調査結果について」，2019
年。

文部科学省「令和２年度学校基本調査（確定値）の公表について」，2020年（https://www.
mext.go.jp/content/20200825-mxt_chousa01-1419591_8.pdf）。

▷本章では，官公庁等から発表されているさまざまな報告書や統計データを参考にしていま
す。これらは，各官公庁のホームページにおいて参照できるものがほとんどです。上記に
そのすべてのURLを示してはいませんが，それぞれ検索してみてください。また，毎年
更新されるものも多いので，特に統計データについては，最新版も探してみてください。

第11章　環境・CSR会計と統合報告

❶──さまざまな財産と会計

　前章までにみてきたように，会計は，財産の管理・運用を委託された者（受託者）が，委託した者（委託者）に対し，その財産の管理・運用状況とその結果を説明する責任（**説明責任**）を履行するための手段としての機能を有していました。また，会計は，ある企業に自らの財産を投資するかどうかを決定する際に有用な情報を提供するという機能も有していました。ここでの財産は，主にお金であり，提供される情報も，貸借対照表や損益計算書のように，お金という単位で表すことができる情報（**財務情報**）が想定されていました。しかし，企業が委託されている財産は，お金だけなのでしょうか。また，ある企業に自らの財産を投資するかどうかを決定する際に有用な情報は，財務情報に限られるのでしょうか。

　本章では，お金に限定されない，企業がその管理・運用を委託されていると考えられるさまざまな財産と，それに関連する多様な情報を扱う会計の中から，環境・CSR会計と統合報告を学習します。

❷──会計領域拡張の論理

（1）説明責任の視点から

　企業が委託されている財産として，お金以外に何が考えられるでしょうか。

144

たとえば，企業は，そこで働いている従業員達から，労働力を財産として委託
されており，それをどのように使ったのかを従業員達に説明する責任があると
考えることができます。また，企業の活動は，企業が活動している地域コミュ
ニティの支援を受けており，地域コミュニティに属する人々に自分達の活動を
説明する責任があると考えることもできます。さらに広げると，企業は地球上
に存在している水や森林といった，さまざまな人類共有の財産を利用して活動
しているため，社会一般に対して，それらの財産の管理・運用状況とその結果
を説明する責任があると考えることもできます。

　このように，企業が委託されていると考えることができる財産は，お金だけ
に限定されません。企業には，お金以外にもさまざまな財産が委託されており，
それらの管理・運用状況とその結果を説明する責任があると考えられます（**図
表11－1**）。

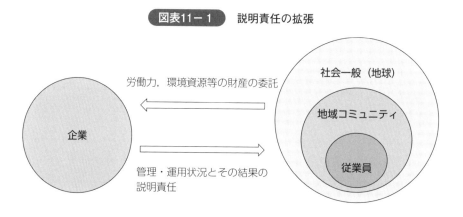

図表11－1　説明責任の拡張

（2）意思決定有用性の視点から

　自らの財産を投資するかどうかを決定する際に有用な情報としては，財務情
報以外にどのような情報が考えられるでしょうか。たとえば，価格も味も見た
目も同じ2つのチョコレートAとBがあったとします。チョコレートAを作っ
ている企業の社長は，生活の苦しいカカオ生産農家の足元を見て，一般的な価
格よりもかなり安い価格でカカオを仕入れてチョコレートを作っています。一
方，チョコレートBを作っている企業の社長は，カカオ生産農家から，適正な

価格でカカオを仕入れてチョコレートを作っているばかりか，カカオ生産農家が，より品質が良く，高い値段で売れるカカオを作れるよう，技術支援を行っています。

こうした情報は，チョコレート購入の意思決定において有用な情報にならないでしょうか。また，アルバイト先や就職先を決める際，皆さんが気にするのは，時給や給料だけでしょうか。福利厚生や労働形態，その企業の価値観等も意思決定における有用な情報にならないでしょうか。

このように，意思決定における有用な情報は，財務情報に限りません。財務情報以外のさまざまな**非財務情報**も意思決定における有用な情報と考えることができます。

❸──環境・CSR会計の枠組み

説明責任の履行機能と情報提供機能という，会計の機能を拡張すると，さまざまな企業活動が会計の対象になってきます。ここでは，それらの活動の中から，環境活動に関する会計を行うための会計の枠組みと，それを展開したCSR活動に関する会計を行うための枠組みをみていきます。

（1）環境会計

企業の環境に対する責任を問う声と，それに応える環境会計の必要性は，公害問題が深刻化した1960年代にはすでに存在していましたが，環境会計の枠組みの開発が本格化したのは，持続可能な社会への関心が世界的に高まった1990年代以降のことです。

わが国では，1996年に環境庁（当時）によって「環境保全コストの把握に関する検討会」が設置され，その後，2000年には環境会計の枠組みとして「環境会計ガイドライン 2000年版」（正式には，環境会計システムの導入のためのガイドライン）が，2001年には「環境報告書ガイドライン 2000年度版」が公表されました。両ガイドラインは，これまで数度の改訂を経ており，現在では，環境会計ガイドラインは2005年版が，環境報告ガイドラインは2018年版が，それぞれ最新のガイドラインとして公表されています。

環境会計ガイドラインでは，環境会計を「事業活動における環境保全のためのコストとその活動により得られた効果を認識し，可能な限り定量的（貨幣単位又は物量単位）に測定し伝達する仕組み」としており，次の3つの要素から構成されるものとしています。

---

① **環境保全コスト**（貨幣単位で測定）

環境負荷の発生の防止，抑制又は回避，影響の除去，発生した被害の回復又はこれらに資する取組のための投資額及び費用額

例：リサイクルや土壌汚染の回復にかかった金額，環境保護活動への寄付額など

② **環境保全効果**（物量単位で測定）

環境負荷の発生の防止，抑制又は回避，影響の除去，発生した被害の回復又はこれらに資する取組による効果

例：温室効果ガスの排出量，廃棄物の量，水の使用量の低減など

③ **環境保全対策に伴う経済効果**

環境保全対策を進めた結果，企業等の利益に貢献した効果

例：省エネ活動によるコスト節約額など

これら3つの要素の開示例を示すと**図表11−2**のようになります。

図表11−2　　環境会計における3つの要素の開示例

① 環境保全コスト		
分類	投資額	
製品のリサイクルにかかるコスト	¥30,000,000	
② 環境保全効果		
分類	環境パフォーマンス指標 （単位）	前年度からの増減
温室効果ガスの排出量削減	温室効果ガス排出量 （千トンCO_2）	−10,000
③ 環境保全対策に伴う経済効果		
分類	金額	
省エネ活動によるコストの削減	¥500,000	

（出所）環境省「環境会計ガイドライン2005年版」2005年をもとに筆者作成。

　また，環境報告ガイドラインでは，環境報告の目的を「持続可能な社会への移行過程において，事業者が，短中長期にわたり，重要な環境課題にどのように取り組み，さらに，これからどのように取り組もうとしているのかを明確に伝えられるようにすること」とし，目的の達成に資する，次の10項目を環境報告の記載事項としてあげています（**図表11−3**）。

図表11−3　　環境報告の記載事項

環境報告の記載事項	
1．経営責任者のコミットメント	6．バリューチェーンマネジメント
2．ガバナンス	7．長期ビジョン
3．ステークホルダーエンゲージメントの状況	8．戦略
4．リスクマネジメント	9．重要な環境課題の特定方法
5．ビジネスモデル	10．事業者の重要な環境課題

(出所)　環境省「環境報告ガイドライン2018年版」2018年。

　各記載事項は，さらに詳細な報告事項から構成されます。たとえば「10．事業者の重要な環境課題」では，次のものが報告事項としてあげられています。

- 取組方針・行動計画
- 実績評価指標による取組目標と取組実績
- 実績評価指標の算定方法
- 実績評価指標の集計範囲
- リスク・機会による財務的影響が大きい場合は，それらの影響額と算定方法
- 報告事項に独立した第三者による保証が付与されている場合は，その保証報告書

　これらの事項で記載される情報は企業ごとに異なりますが，ここでは日本製紙グループの環境報告を例に，「取組方針・行動計画」と「実績評価指標による取組目標と取組実績」がどのような形で示されているのかみてみましょう（**図表11−4**）。

図表11-4　日本製紙グループの環境報告

環境行動計画「グリーンアクションプラン2020」の実績

・当社グループでは，環境憲章の基本方針6方針に沿って，2006年に環境行動計画「グリーンアクションプラン」を制定し，5年ごとに気候変動問題への対応をはじめとする環境全般にかかわる定量的・定性的な目標を設定し，具体的な取り組みを進めてきました。
・これに基づき，グループ各社がそれぞれの事業特性に即した環境行動計画を定めることで，「グリーンアクションプラン」の目標達成に向けた実効性を高めています。

環境行動計画「グリーンアクションプラン2020」における2020年度の実績

目標		主要な取り組みと最終結果
1. 地球温暖化対策	温室効果ガス排出量を2013年度比で10%削減する※1。	計画的な省エネルギー投資および燃料転換の促進により，温室効果ガス排出量は，2013年度比で21%の削減となった。
	物流で発生するCO$_2$排出量の削減に取組む。	・効率的な輸送手段であるモーダルシフト化と輸送距離の短縮等により，CO$_2$排出量の削減に継続的に取り組んだ。 ・日本製紙は，国土交通省が制定したエコレールマーク認定において，「取組企業認定」と「商品認定」の認定を取得した。
2. 森林資源の保護育成	持続可能な森林資源育成のため，国内社有林事業，海外植林事業（Tree Farm構想）を推進する。	2020年末時点の海外植林事業の植林面積は，7.8万haとなった。
	国内外全ての自社林での森林認証を維持継続する。	国内外全ての自社林で森林認証(FSC®※2, SGEC, PEFC)を維持継続中。
	製紙原料の全てを森林認証制度で認められた材とする。	2020年度に使用した製紙原料チップ・パルプは，全てFSC®※2またはPEFCに認められた材（管理材，管理木材含む）を使用。
	トレーサビリティを充実させ，持続可能な森林資源調達を推進する。	森林認証制度の活用によってトレーサビリティの充実を図り，輸入チップのリスク評価について，2020年度実績はFSC®ルール，PEFCルールともに100%が基準をクリアした。
	国内森林資源の健全な育成のため，国産材の利用を推進する。	2020年度の日本製紙全工場における国産材利用率は，39.5%（購入実績ベース）となった。

3. 資源の循環利用	古紙利用技術の向上により，さらなる古紙利用を推進する[※1]。	・未利用古紙の利用等に積極的に取り組んだ結果，古紙利用率は，洋紙で34%，板紙で89%となった。 ・一般ごみとして焼却処理されていた使用済紙容器を回収する新リサイクル事業を浜松市の後援を得て開始した。 ・廃棄処分された飲料用アルミ付紙パックの再生利用を拡大する取り組みを開始した。
	廃棄物の再資源化率を98%以上とする。	廃棄物の発生抑制に加え，ボイラー燃焼灰の再資源化により，再資源化率は98%となった。
4. 環境法令の順守及び環境負荷の低減	環境マネジメントシステムによる環境管理の強化と環境負荷の低減に努める。	環境負荷が高い拠点において，ISO14001等の環境マネジメントシステムを導入し，環境関連法令の順守及び環境負荷の低減に取り組んだ。
	日本製紙グループ化学物質管理ガイドラインに則り，化学物質の使用を適正に管理する。	各生産拠点ごとに，取り扱う化学物質の種類や量，また安全データシートで各種情報を把握することで，適正な管理を実施した。
5. 環境に配慮した技術・製品の開発	木質資源の高度化利用を推進する。	・石巻工場のTEMPO酸化CNF量産機，江津工場のCM化CNF量産機において営業生産を実施し，食品・化粧品用途を中心に採用が増加している。また，富士工場のCNF強化樹脂実証機では，様々なユーザーにサンプルワークを実施している。 ・NEDOプロジェクト「炭素循環社会に貢献するセルロースナノファイバー関連技術開発」（2件）に採択され，研究開発を開始した。 ・消臭・抗菌，難燃，放射線遮断性などの特性を持つ無機物とセルロース繊維を複合化した新機能性材料「ミネルパ[®]」の実用化推進のため，富士工場の実証生産設備（450t/年）において，用途開発のためのサンプルワークを実施し，猫砂に採用された。 ・木材チップから牛が消化しやすいセルロース繊維だけを取り出す独自技術により，繊維量と栄養価に優れた「高消化性セルロース」を開発し，拡販に向けたサンプルワークを開始した。

		・NEDOプロジェクト「製紙用蒸解工程からのクラフトリグニンを利用したバイオアスファルト混合物の開発」が採択され，同プロジェクトでクラフトリグニンの用途開発を開始した。 ・木質バイオマスを高配合し，プラスチック使用量を5割削減できる樹脂複合材料（トレファイドバイオコンポジット™）を開発した。
	脱化石燃料を促進する設備技術の開発を推進する。	バイオマス・廃棄物を活用した新規燃料の製造技術の開発を継続している。
	環境配慮型製品・サービスを通じて環境負荷の低減を推進する。	・ストローレス対応学校給食用紙パック「School POP®」の販売を開始した。 ・固形物・長繊維・高粘度の新飲料対応が可能で，樹脂容器に代わる常温保存可能な世界初の紙容器無菌充填システム（NSATOM®）の上市を準備中。 ・CO_2の排出量・包装材の削減につながる長尺トイレットロールの生産・販売を開始した。 ・パッケージなどのプラスチック代替となる新規紙材料として，酸素・水蒸気に対して従来にない優れたバリア性を持った紙製包装材料「シールドプラス®」について，生分解性樹脂とのコラボによる循環型包装材を開発した。また，グラビア印刷に適応し，バリア層の屈曲耐性を向上させた「シールドプラスⅡ」の販売を開始した。 ・ラミネート工程不要の「紙だけでパッケージができる」ヒートシール紙「ラミナ®」を開発し，サンプル提供を開始した。 ・発泡スチロールに代わるサステナブルな包装材として，多機能段ボール原紙「防水ライナ」を開発した。
6. 環境コミュニケーション	ステークホルダーに環境情報を開示し，また対話等を通じて環境コミュニケーションの活性化に努める。	統合報告書や各事業所が開催するリスクコミュニケーションで地域社会等との対話を活性化し，リスク情報の共有を図った。
	環境保全活動への参加・支援を活発に行う。	地域の清掃・美化等の環境保全活動に積極的に参加し，地域の環境保全の貢献に努めた。

| 7. 生物多様性への取り組み | 日本製紙グループ生物多様性保全に関する基本方針に則り，生物多様性に対する全社的な取り組みを推進する。 | ・10年以上にわたり，（公財）日本野鳥の会と協定を締結し，北海道の社有林で絶滅危惧種シマフクロウの生息地保全に取り組んでいる。木材事業との両立を図る一方，2020年には，繁殖をサポートする人工巣箱を共同で設置した。
・西表島において，2017年から地元のNPO法人（西表島エコツーリズム協会）とともに，外来植物アメリカハマグルマを駆除する活動に継続して取り組んでいる。 |

※1　国内生産拠点を対象
※2　FSC®ライセンス　No.FSC®C120260（ヴォルテラ社：チリ），FSC®C012171（Forestco社：南アフリカ），FSC®C023383（AMCEL社：ブラジル）
（出所）日本製紙グループ「ESGデータブック2021」2021年，27頁。（日本製紙（株）No. FSC®-C001751）

　環境行動計画に基づいて設定された環境にかかわるさまざまな定量的・定性的な目標に対する主要な取り組みとその結果（実績）が示されています。この例からもわかるように，環境報告には，パーセンテージのような定量的な情報として示すことが難しい事項も含まれています。そのような事項は，文章のような定性的な情報として記載されることになります。

　なお，環境会計ガイドラインと環境報告ガイドラインの関係については，環境報告ガイドラインの中に「事業者が特定した重要な環境課題に関連する財務的影響を報告事項とする」との記載があり，上述した環境会計の要素が環境報告に含まれる形になっています。

（2）CSR会計への展開

　環境会計は，企業の環境に対する責任に応えるためのしくみでしたが，企業が負う責任は，環境問題だけに限りません。現代社会は，経済格差の拡大や人権・労働問題等，さまざまな問題に直面しており，それらの問題に対する「企業の社会的責任」も問われるようになってきています。企業の社会的責任は，その頭文字をとって**CSR**（Corporate Social Responsibility）とよばれており，CSR会計は，環境問題も含めた多様な経済・社会問題に対する責任に，企業が応えるためのしくみの1つとして考えられます。

　CSR会計の枠組みは，さまざまなものが提案されていますが，ここでは，世

152

界的に広く利用されている，GRI（Global Reporting Initiative）が公表している
ガイドラインに基づいてCSR会計の内容をみていきましょう。GRIのガイドラ
インは，2000年に公表されて以降，数度の改訂がされていますが，現在最も広
く利用されているのは，2016年に公表された「GRIスタンダード」です。GRI
スタンダードは，「組織が経済，環境，社会に与えるインパクトを報告する際
に使用することを目的に設計」されており，**図表11－5**のような構成をとっ
ています。

図表11－5　GRIスタンダードの構成

＜共通スタンダード（GRI 100番台）＞
・報告原則 ・背景情報 ・マテリアルな項目に対するマネジメント手法

＜経済（GRI 200番台）＞	＜環境（GRI 300番台）＞	＜社会（GRI 400番台）＞
・経済パフォーマンス ・地域経済での存在感 ・間接的な経済的インパクト ・調達慣行 ・腐敗防止 ・反競争的行為	・原材料 ・エネルギー ・水 ・生物多様性 ・大気への排出 ・排水および廃棄物 ・環境コンプライアンス ・サプライヤーの環境面の 　アセスメント	・雇用 ・労使関係 ・労働安全衛生 ・研修と教育 ・ダイバーシティと機会均等 ・非差別 ・結社の自由と団体交渉 ・児童労働 ・強制労働 ・保安慣行 ・先住民族の権利 ・人権アセスメント ・地域コミュニティ ・サプライヤーの社会面のア 　セスメント ・公共政策 ・顧客の安全衛生 ・マーケティングとラベリング ・顧客プライバシー ・社会経済面のコンプライアン 　ス

（出所）GRI, *GRI Standards*, 2016.

　報告事項に共通する原則等が書かれた共通スタンダード（GRI 100番台）のもとに，CSR活動が，経済（GRI 200番台），環境（GRI 300番台），社会（GRI 400番台）の3つの領域に分けられ，それぞれの領域での報告項目が示されています。各報告項目は，さらに詳細な開示事項から構成されます。たとえば，社会領域にある「雇用」の開示事項としては，次のものがあげられています。

- ●従業員の新規雇用と離職
- ●正社員には支給され，非正規社員には支給されない手当
- ●育児休暇

　これらの開示事項で具体的に記載される情報は企業ごとに異なりますが，環境報告同様，貨幣やパーセンテージで示された定量的な情報のみならず，文章のような定性的な情報など，さまざまな形式が組み合わされて開示が行われます。

コラム㉔　グリーンウォッシュ（greenwash）

　グリーンウォッシュとは，環境を意味するグリーンと，ごまかしや修正液を意味するホワイトウォッシュ（whitewash）を掛け合わせた言葉で，実際は環境に悪い影響を与えている，あるいは特に環境への配慮がなされていないにもかかわらず，環境に配慮したり，良い影響を与えているかのような印象を人々に与える行為のことをさします。グリーンウォッシュには，環境にとくに配慮していない企業が，森林の写真がプリントされた緑色のパッケージを商品に使用することで，環境に配慮しているかのような印象を与えるといった単純なものから，環境に悪影響を与えた行為については報告せず，良い影響を与えた行為のみを報告するといったものまで，さまざまなものがあります。第7章でみた，環境報告書・CSR報告書への監査・保証が求められてきたことの一因には，こうしたグリーンウォッシュという問題の存在があるのです。

❹—統合報告

（1）統合報告とは何か

　ここまでみてきたような企業の環境やCSR活動に関する情報は，それ単独でも価値を持つものです。たとえば，自分が住んでいる地域，あるいは将来住むことを考えている地域が，企業の活動によって汚染されていないかを知るために，環境情報を単独で利用する人もいるでしょう。

　しかし，環境やCSRに関する活動は，企業の財政状態や経営成績と無関係なものではありません。本章の❷（2）でみた，チョコレートを作っている2つの企業AとBを思い出してください。Bのようにカカオ生産農家とよい関係を築いている企業は，カカオが安定的に供給されることで持続的な経営が可能となったり，評判が高まることで将来売上が伸びる可能性があります。逆にAのような企業は，社会から反感を買い，商品の不買運動に繋がる等，企業の財政状態や経営成績を将来悪化させる危険性があるといえます。

　企業の環境やCSRに関する活動と，企業の財政状態や経営成績との間にこうした繋がりがあるのであれば，それぞれを個別に報告するのではなく，相互に関連づけて報告することが，企業の現状の理解や将来を予測する上で有用であるといえるでしょう。

　また，それぞれの活動や情報を個別に報告するということは，それだけ報告書の数や情報が増え，複雑なものになることを意味します。企業はこれまで自らの環境やCSRに関する活動を，環境報告書やCSR報告書，アニュアルレポートといった，さまざまな報告書を通じて報告してきました。多すぎる報告書は，内容の重複を招いたり，利用者の理解を妨げたり，必要な情報がすぐにみつからないといった，弊害を生むことにも繋がります。

　こうした認識を背景に，財政状態や経営成績のような財務情報と，環境・CSR活動に関する情報のような非財務情報を，あるいは過去的な情報と将来指向的な情報を，その重要性を勘案し，相互に関連づけ，簡潔に報告する，**統合報告**（Integrated Reporting）という取り組みが注目され始めました。この取り

組みは，**統合報告書**（Integrated Report）という報告書を通じて報告されます。
　統合報告書の概要は次項でみますが，イメージとしては，企業活動に関する
さまざまな情報にアクセスするための入口となる，インフォメーションセン
ターのようなものと考えてください。統合報告書は，重要な情報を相互に関連
づけ簡潔に報告するものであって，あらゆる情報を詳細に報告するものではな
いのです。

（2）統合報告書の概要

　統合報告書を作成する実務は，まだ発展途上の段階にありますが，ここでは
統合報告の主要な推進団体である，国際統合報告評議会（International
Integrated Reporting Council；IIRC）が2013年に公表した「国際統合報告フレー
ムワーク」を参照しつつ，具体的にどのような報告が行われるのか，その概要
をみてみましょう。
　国際統合報告フレームワークでは，企業はさまざまな資本を自社のビジネス
モデルに投入し，製品・サービスを生み出すことで，経済的・社会的価値を創
造し，この創造された価値が，再び資本を増加させる，という価値創造プロセ
スが企業活動の全体像として想定されています。ここでのさまざまな資本はお
金に限定されない財産，経済的価値はお金，社会的価値は社会への貢献と理解
してください。
　統合報告書では，このような，「さまざまな資本」，「ビジネスモデル」，「製

品・サービス」,「創造される経済的・社会的価値」等,価値創造プロセスを構成する要素が説明されますが,いきなりそれぞれの要素の細かな説明をみるよりも,まずは価値創造プロセスの全体像を把握することが,企業活動の全体像を理解する上で有効です。

　実際の統合報告書は企業によってさまざまなものが作成されていますが,ここでは明治ホールディングスの統合報告書を例に,こうした価値創造プロセスの全体像がどのように報告されているのかをみてみましょう（**図表11−6**）。

　財務,知的,人的,製造,社会・関係,自然に分類された6つの資本を,強固なバリューチェーンに基づくビジネスモデルに投入することで,食品や医薬品等の製品や食と健康にかかわる有用な情報を生み（アウトプット）,企業価値の向上に繋がる健康価値を創造する（アウトカム）という,価値創造プロセスが図表で簡潔に示されています。

　また,図表内で示されている,ビジネスモデルや健康価値の創造といったそれぞれの要素については,より詳しい情報を知りたい読者のために,統合報告書内の関連ページが示されており,この図表からそれぞれの要素の詳細がたどれるようになっています。

　先に,統合報告書は,企業活動に関するさまざまな情報にアクセスするための入口となるインフォメーションセンターのようなものといいましたが,この価値創造プロセスの図表は,統合報告書内で示されているさまざまな情報にアクセスするための入口となる,統合報告書のインフォメーションセンターということができるでしょう。

| コラム㉕ | ESG投資 |

本章でみてきたCSRや統合報告と関連する言葉として，ESGがあります。ESGは，Environmental（環境），Social（社会），Governance（ガバナンス）の頭文字をとった言葉で，「ESG投資」と，投資という言葉とセットでよく使われています。ESG投資は，企業の環境，社会，ガバナンスに対する取り組みに注目して行う投資を意味しますが，GSIA（Global Sustainable Investment Alliance）の調査によると，世界のESG投資額は，2018年には約3,400兆円（世界の総投資額の約1/3）に達し，2012年の約1,100兆円から大きく増加しています。こうしたESG投資増加の背景の1つには，上述したように，企業の環境やCSRに関する活動と，企業の利益との間に関連性があることが認識されるようになってきたことがあげられます。統合報告書は，こうしたESG投資に資するものといえますし，ESG投資への関心の高まりは，統合報告書を作成する企業を増加させることに繋がるかもしれません。

❺──会計＝お金の計算？

本章でみてきた環境会計や統合報告は，「お金の計算」という皆さんが抱いているかもしれない会計のイメージとは，かけ離れたものだったかもしれません。また，会計を簿記と結びつけて考えている方は，本章で学習した内容は，会計といえるのか，という疑問を抱かれたかもしれません。しかし，会計には，「説明する」という意味があるように，説明のための方法は，簿記から導出される情報やお金で表現される情報に限りません。ある活動や対象の説明に有効であれば，お金以外の数値情報（物量情報）や，文章のような定性的情報，あるいは写真や図表，動画等も利用される可能性があり，それらも会計の領域で議論されるべき問題としてとり上げられるようになってきています。会計領域の拡張は，近年ますます進んでおり，今後も意外な活動や対象が会計の問題として議論されることになるかもしれません。

158

図表11－6 明治ホールディングスの価値創造プロセスの全体像

（出所）明治ホールディングス「統合報告書2021」2021年，26-27頁。

価値創造プロセス

目指す姿の実現（グループ理念、明治グループ2026ビジョン）

OUTCOME

OUTPUT

食と健康に関わる有用な情報

- 健康向上に資する機能
- 質の高い栄養
- 新たな食文化の提案
- 疾患・予防の啓発
- 医薬品適正使用の推進
- 学術データ・論文

健康栄養の向上につながる多様な製品群

食品事業
- ヨーグルト
- 牛乳
- チョコレート
- チーズ
- スポーツ栄養（プロテイン）
- 流動食
- 乳幼児ミルク

食と薬のシナジー

医薬品事業
- 全身性抗菌薬
- ワクチン
- 抗うつ薬・非定型抗精神病薬
- ジェネリック医薬品
- 血漿分画製剤
- 農薬
- 動物薬

企業価値の向上
- 持続的な企業成長
- 財務資本の蓄積と安定した利益還元
- サステナビリティを推進し、社会課題の解決に貢献

健康価値の創造

meijiらしい健康価値をすべてのステークホルダーに提供

▶ P.22

各資本の強化

製造資本
- 国内・海外に広がる生産拠点と営業拠点
- 常温・チルド・フローズンのすべての温度帯をカバーする食品物流網
- 高品質な医薬品の安定供給を担保する生産体制

社会・関係資本
- 信頼のmeijiブランド
- 高いシェアを誇る製品ブランド力
- 調達先・取引先との関係性
- お客さまとの強固なリレーション
- 株主・投資家とのエンゲージメント

自然資本
- 豊かな素材（カカオ、生乳、乳酸菌・放線菌などの微生物）
- エネルギー
- 水

参考文献 ———————————————

勝山進（編著）『環境会計の理論と実態（第2版）』中央経済社，2006年。
　▷本章でみた環境・CSR会計の枠組みに加え，海外の環境会計の状況や，管理会計，監査，公会計の視点からみた環境会計等，環境会計の領域を広くとり上げて検討した研究書です。
國部克彦（編著）・神戸CSR研究会（編）『CSRの基礎—企業と社会の新しいあり方』中央経済社，2017年。
　▷本章でみたCSR会計も含む企業の視点と，主要なステークホルダー（社会）の視点から，さまざまなCSRの領域を丁寧に解説したCSRの入門書です。
岡本大輔『社会的責任とCSRは違う！』千倉書房，2018年。
　▷本章では同義とした企業の社会的責任とCSRという言葉や，その他の類似概念を，それらの言葉が生まれた時代背景を踏まえて理論的・実証的に考察し，それぞれの特徴や関係性をわかりやすく解説した専門書です。
古賀智敏（責任編集）・池田公司（編著）『統合報告革命－ベスト・プラクティス企業の事例分析』税務経理協会，2015年。
　▷統合報告の優良事例とされる，世界の企業20社の統合報告を詳細に分析・解説した研究書です。
環境省「環境会計ガイドライン 2005年版」，2005年。
環境省「環境報告ガイドライン 2018年版」，2018年。
GRI, *GRI Standards*, 2016. サステナビリティ日本フォーラム（訳）「GRI STANDARDS 日本語版」，2017年。
IIRC, *The International 〈IR〉 Framework*, 2013. 日本公認会計士協会・翻訳レビュー作業部会（訳）「国際統合報告フレームワーク日本語訳」，2014年。
　▷これらは，いずれも本章でとり上げた環境・CSR会計や統合報告に関する基準やガイドラインです。GRIスタンダードは2021年10月に最新版が公表されており，2023年1月に発効されることとされています。また，IIRCの国際統合報告フレームワークについても2021年1月に改訂版が公表されています。環境・CSR会計や統合報告の領域は，近年その発展が著しく，基準やガイドラインも頻繁に改訂・変更されるようになってきています。学習する際はこうした改訂・変更の有無にも注意してください。
日本製紙グループ「ESGデータブック2021」，2021年。
明治ホールディングス「統合報告書 2021」，2021年。
　▷これらは，いずれも本章で具体的な事例としてとり上げた企業の報告書です。それぞれ最新年度版が出ている場合があり，ほとんどの場合にはホームページで閲覧できますので，探してみてください。

第12章 会計理論

❶──理論を学ぶ

　理論とは何かを一言でいえば，ある現象を論理的に説明することです。研究，あるいは学問とは，理論を構築し，その理論を使ってある現象がどうして起こるのか，さらに理屈からいえばその現象は今後どうなるのか（どうなるはずなのか）を説明することにほかなりません。

　ここで，研究対象が自然現象であれば自然科学となり，社会現象であれば社会科学となります。会計学は，社会科学の一分野ですから，会計学では，会計にかかわるさまざまな現象を，論理的に説明する学問だということになります。つまり，会計学にも，会計理論が必要であるし，会計理論が提起されてきたからこそ，会計学が社会科学の一分野として成立してきたといえるでしょう。

　しかし，会計理論をそれだけで学ぶような科目は，大学ではまずありません。特に学部で学ぶ各科目は，その背景に会計理論があるとしても，その理論自体を学生に説明することを目的としていません。その理論をもとに，目の前にある会計現象が本質的にはどのようなものなのかを，わかりやすく理解してもらうことを目的としているのです。もしも皆さんが大学で会計学を専門とし，たとえば会計学のゼミナールに所属するとすれば，そのような会計理論に触れる機会があるかもしれません。また，大学院に進学して会計学をより深く学ぶと，その理解の高度化のために，理論を学ぶことがより必要になることもあるでしょう。

　もちろん，大学の教員など，会計学の研究者になることを目指すのであれば，

会計理論を学ぶことは重要になります。会計学の研究者は，会計理論を理解して利用して研究を進め，あるいは自ら理論を発展させ，構築することが仕事だからです。

本章を読む皆さんすべてが，会計学の研究者を目指すわけではないでしょう。しかし，大学において学ぶことが一定の理論に基づいていること，そしてその理論がどのような構造を持っているのかを知ることは，会計学だけではなく，大学におけるさまざまな分野の学習に共通して役に立ちます。

❷──一般的な理論の構造：帰納と演繹

理論は現実にある現象を説明することですから，まず説明を必要とする現象がなければなりません。

自然科学の多くは，このような謎がある現象からスタートします。たとえば，原因のわからない病気があるとしましょう。自然科学である医学は，その病気がなぜ起こるのかを探ります。そのためには，その病気の原因とは関係がないと考えられる事象を，実験などを通じて1つひとつ排除していきます。この過程は，捨象とか抽象化といわれますが，論理学的には**帰納**とよばれます。帰納の結果，最後に残ったものが原理ないしは基本原則であり，医学の例でいえば病気の根本的な原因ということになります。

これがわかれば，医学の場合は，その原因によって実際の病気が起こることを再現できるかを，動物実験などを通じて調べます。そして，病気が再現できるとなれば，その原因をなくす薬の開発や治療法を考案すれば，病気を治すことができることになります。これは，抽象的な原理から具体的な現実に戻る過程であり，帰納とは逆の方向のものであり，論理学的には**演繹**とよばれます（図表12-1）。

図表12－1　帰納と演繹

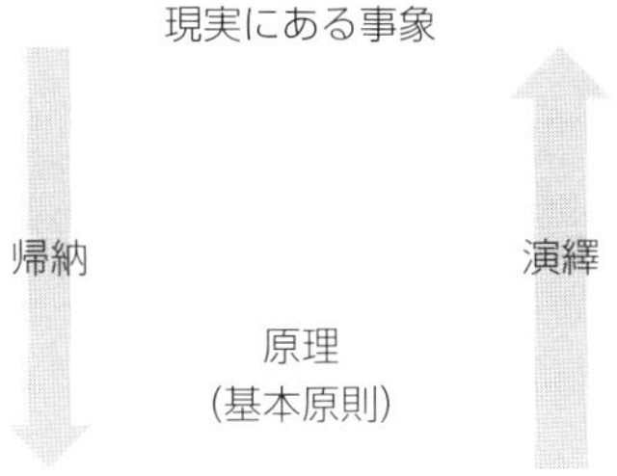

現実にある事象

帰納　　　　　　　　　　演繹

原理
(基本原則)

　理論は，このように演繹と帰納をセットにして構築されます。このとき，医学の例とは逆に，演繹からスタートした後に帰納を行うことで理論を構築することもあります。つまり，理想的な原理（基本原則）をあらかじめ設定しておき，これにさまざまな具体的な条件を加えていくことで現実の現象を構築します（演繹）。しかしこれはあくまで理想的な世界でしかないので，現実の現象がここで構築した理屈で説明できるかを検証します（帰納）。

　本来，理論は帰納と演繹の過程をセットにして組み立てられるべきものですが，多くの研究は，どちらかの方法に強く依拠して行われます。会計学において，演繹的方法に依拠し，原理原則を示して，会計のあるべき姿を構築する理論は**規範理論**とよばれます。対して，現実の一部をデータとして切り取り，ここからあらかじめ仮説として立てた一般的な原理原則の正しさを証明しようとする帰納的な方法に依拠した理論は，**実証理論**とよばれます（**図表12－2**）。

図表12－2　会計理論の方法

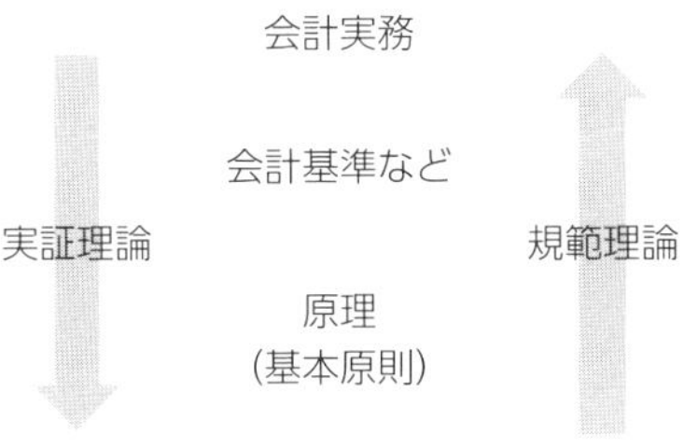

会計実務

会計基準など

実証理論　　　　　　　　規範理論

原理
(基本原則)

コラム㉖　演繹と帰納の代表的な研究分野

多くの自然科学の理論は，帰納によって構築されています。本文でも言及した医学はその例ですし，生物学，地学や物理学も，目前で観察される現象を，帰納によって抽象していくことでその原因を探り，原理を解明します。一方で，数学は演繹的な理論の代表です。数学では，単純で根本的な定理がまず示され，それに従ってより複雑な世界が拡がっていきます。小学校1年生から学び始める算数が，学年が進むにつれてより複雑化していったことがその過程を示しています。また，一定の原理が解明されていれば，そこから演繹することで，理論的にあり得る現象を作り出していくこともできます。それは，理論的にはあり得るはずの元素が想定され，その結果として新しい物質が発見されたり，理論的にはこういう効能があるはずだという薬の開発のように，技術の進歩につながっていきます。

❸—会計学への適用

さて，本書で学んできた会計学の諸分野は，現実（実務）に近い部分を研究対象としているものもあれば，より原理的，基本原則的な部分を研究対象としているものもあります。その意味では，図表12−1のような関係を，会計学の諸分野の位置づけにもみることができます。

実際に行われている会計実務は，企業ごとに異なります。そこでの工夫こそが，各企業の競争力の源泉でもあります。ですから，企業ごとに異なった，あまたある会計実務が会計学にとっての現実の現象です。これを直接に取り扱うのは経営会計論あるいは本書第8章で学んだ管理会計論の分野になります。そこから，企業外部に情報を開示するための会計に絞る，すなわち抽象化すると，それは開示（ディスクロージャー）論あるいは本書第5章で学んだ財務会計論の分野になります。さらにそこから，会計計算をする，という段階にまで抽象化すると，簿記論あるいは計算構造論とよばれる分野になります。

大学での実際の学習は，簿記論から始まり財務会計論，管理会計論と進むのが普通ですから，つまり学習の方法は演繹的に行われていることがわかります。本書の構成も，そのような形式にほぼ従っています。まず基本原則としての簿記（本書第3章）を学び，次第に現実の会計（実務）に近づいていくわけです（**図表12−3**）。

図表12-3　会計学の分野との関係

❹――計算構造の理論（簿記論）

利益計算が行えることは，会計の最大の特徴です。第3章でみたように，利益計算は複式簿記を用いてなされますから，ここでいう簿記は複式簿記を指すことになります。

前節までで述べたように，簿記は会計学の最も基礎にある部分であり，会計の基本原則の役割を果たしています。しかし，ここでどのように利益が計算されているのか，そもそもそこで計算される利益とはどういうものかを説明することは意外に困難です。

たとえば，貸借対照表と損益計算書で，同額の利益が計算されることはわかっています。しかし，貸借対照表で計算される利益は資産と負債・純資産の差額であるのに対し，損益計算書で計算される利益は収益と費用の差額です。これは金額は同じでも，本質的に同じものだといえるのでしょうか。このような問いに答えようとするのが簿記論あるいは計算構造論とよばれる研究分野です。

この分野での初期の会計理論を呈示した研究者として，シュマーレンバッハ（E. Schmalenbach, 1873-1955）が挙げられます。シュマーレンバッハは第2次世界大戦前から戦後にかけてのドイツの経営学者で，ケルン大学の教授でした。この時代，会計学はまだ明確に1つの学問分野とはなっておらず，経営学の一分野だったのです。さて，シュマーレンバッハは，利益は収益と費用の差額で計算されるものとし，したがって期間損益計算をする損益計算書を主要な財務諸表に位置づけました。そして，貸借対照表の項目である資産は，時間がたつ

につれて費用になっていくものであるから「将来の費用」、負債や純資産（資本）は，時間がたてば収益になっていくものであり，「将来の収益」だと説明しました。つまり，複式簿記の借方の項目は費用，貸方の項目は収益と単純化して理論を組み立てたのです。

　これは，当時は貸借対照表が資産のような「目に見えるモノ」のリストと考えられていたことからすると，貸借対照表を将来の費用・収益という「フロー（流れないし動き）のリスト」だとみることになり，画期的でした。そのようなシュマーレンバッハの考え方は，「動的貸借対照表論」とよばれたり，**動態論**とよばれることになります。一方で，このように単純化した説明は，現金は将来の費用とはいえない，とか，会社の持分で固定されている資本金が，将来の収益になるというのはおかしいのではないかといった批判を浴びることになり，後にシュマーレンバッハ自身が修正をすることにつながります。

　シュマーレンバッハの理論が登場する以前は，企業がいま持っているもの（資産）と，過去にそれを取得した元手（負債および資本）との差額が利益だと考え，複式簿記による利益計算の中心を貸借対照表に置く理論が支配的でした。その代表的な研究者は，ドイツ語圏であるスイスの学者シェアー（J. Schär）ですが，シェアーのような簿記の見方は，シュマーレンバッハ以降は動態論に対比して**静態論**とよばれることになります。

　後述のように，会計学の主流は第2次世界大戦後にアメリカに移ります。そこでは，基本的には動態論の考え方に基づいて簿記を理解することが続くことになります。そのためか，計算構造論の議論は活発に行われなくなるのですが，その中で井尻雄士（1935-2017）は稀有な例外といえます。井尻は，神戸に生まれ日本の大学を卒業後，公認会計士として働いた後に渡米しました。そしてアメリカの大学院を修了後に研究者となり，ピッツバーグにあるカーネギーメロン大学の教授を務めました。井尻の研究業績は多岐にわたりますが，後期に発表された三式簿記に関連する一連の研究は，計算構造論の研究にとって大きな業績となりました。

　三式簿記の発想は，複式簿記が借方と貸方に2つ書くというルールなら，3つ書く，という簿記はあり得ないのか，あるとすればそこで計算されることは何を意味するのかという，ある意味で単純なものです。もちろん三式簿記は，

現に存在する実務ではなく，複式簿記の原理を研究し，それを応用・発展させて新たな簿記を理論的に提案するものです。井尻は，数学や物理学に造詣が深く，三式簿記の論理展開にも，物理学の考え方を応用しています。そして，複式簿記で計算されるのが利益ならば，三式簿記で計算されるのは理論的にはその利益を生み出すスピードであるとし，これを**利速**と名づけました。そして，これを実務的に用いるとすると，利速によって経営者が利益を生み出す能力を測定することができる，としたのです。

　井尻の研究は，複式簿記からあるべき簿記の姿を演繹的に導出したものといえ，方法論として数学を用いていますが，規範的な研究であるといえます。

❺──開示論（財務会計論）

　財務会計論は，会計情報の開示（ディスクロージャー）のための研究分野です。そこでは，複式簿記による利益計算があることを前提とし，会計原則という一定のルールに基づいて計算することで，会計情報の開示に有用な，企業間で比較可能な財務諸表を作成することが主眼になります。このため，会計原則などのルールをいかに理論的に策定すべきか，あるいは，現にあるルールを理論的に説明できるかが研究上の関心の中心になります。

　第2次世界大戦後，世界経済の中心はヨーロッパからアメリカに移り，会計学の中心もまたアメリカに移りました。そこでまず関心を持たれたのが，いか

に正しい会計原則を作るか，ということでした。これは，第2次世界大戦を起こした引き金の1つが，世界恐慌という経済の混乱であったこと，そして世界恐慌の際にアメリカで多くの企業が倒産したことに起因します。このとき倒産した企業が開示した財務諸表が，必ずしも正しいものであったとはいえず，つまり会計不正も多かったのでした。その原因として，当時の会計基準の不備が指摘されました。このため，会計不正を起こさせず，また経済恐慌を経て3度目の世界大戦に至らないように，戦後の早い時期にきちんとした会計基準をつくることが目指されたのです。

　その中で，アメリカでは会計学研究者により，多くの会計基準案が提案されました。ペイトン（W. Paton, 1889-1991）とリトルトン（A. Littleton, 1886-1972）の共著による『会社会計基準序説』はその代表例ですし，そのほかにも，アメリカ会計学会や，サンダース，ハットフィールド，ムーアの共著による会計原則などが提案されています。

　そもそもこれらの会計原則は，現実に数ある会計実務の中で，慣習として共通化しているものを要約して，一般的なものをまとめたものが会計原則となる，いいかえれば，❷で述べた帰納の過程を経て基本原則が見出され，それが会計原則になるはずです。しかしそのような過程を経ても，アメリカで提案される会計原則は1つのものに収斂せず，論者によって異なるものになりました。

　そこで，会計原則を支える，より根本的な原理をまず決めて，それを基礎として会計原則を構築するという，演繹的な方法での理論の構築が模索されました。ここでいう根本的原理は，**公準**とよばれます。これを会計学に適用した**会計公準**も，多くのアメリカの研究者によって提案されました。最も有名なものは，ギルマン（S. Gilman）が示した3つからなる公準で，第5章で学んだように日本ではこれが会計公準として説明されています。しかし実際には最大で15個からなる公準を示した研究者もおり，研究者により百花繚乱の状態になってこの公準もどれか1つに収斂することはありませんでした。このため，会計公準から演繹的に会計原則の論理性を説明する，という理論の立て方も結局は断念されることになりました。

　その後，アメリカの会計基準は，実務の発達に応じて個別に会計原則が作られる，という，いわば帰納的な方法が採られて策定されていくのですが，それ

ぞれの実務ごとに基準が作られた結果，それらを論理的にまとめる統一した理論は事実上なく，このため個別の基準だけを見れば論理的に説明ができるものの，基準同士が矛盾することもしばしば発生しました。

　この状況を解決しようとしたのが，**概念フレームワーク**の策定です。概念フレームワークは，会計基準の基礎となる概念を体系化したもので，たとえば資産とは何か，といった概念が示されています。基本的には，既存の会計基準から概念を抽出したものであり，つまり帰納的に策定されたものといえます。アメリカでは，会計基準の設定母体であるFASB（財務会計基準審議会）が1978年から1980年台半ばにかけて発表しました。その後，概念フレームワークは国際会計基準にも導入されました。

　一方で，概念フレームワークに基づき作られる会計基準は，そこから演繹的に作られることにもなります。この結果，そうして策定された会計基準に従うと，現実には存在しない実務が理想のものとして示されることも生じてきています。いわば，会計基準が規範理論に基づいて演繹的にあるべき実務を示してしまうのです。しかし企業は，会計基準が作られてしまえばそれに従わねばなりません。結果として，いままで実務にはなかったことが「あるべき実務」として強制される，ということが起こります。たとえば，国際会計基準による**包括利益**の開示などはその典型でしょう。しかし，現実に存在していない実務である以上は，それを生み出した原理原則が正しかったのかどうかは，帰納的に

確認されねばなりません。そのような役割を果たす実証的な研究が理論的には求められることになります。

❻—資産負債アプローチと収益費用アプローチ

　概念フレームワークでは，資産などの概念が定義されています。ここで資産は，IASB概念フレームワーク（国際会計基準）では「企業が過去の事象の結果として支配している現在の経済的資源」とされています。少し難しくなりますが，経済的資源（economic resource）とは，経済的便益を生み出す潜在能力を有する権利を指し，要するに将来企業にお金をもたらす力のあるもの，とされているのです。この定義によると，資産はそれが将来お金をもたらすと期待されるのであれば形がなくてもよく，所有権を前提にするものでもありません。つまり，伝統的な資産のイメージからは，かなり拡張されていることがわかります。

　この結果，資産には広範なものが含まれることになり，その資産を確定し，さらに負債を確定することで，その差額が純資産となる，という考え方が出てきました。ここで純資産は，単なる差額概念であり，資本金や利益額を含みますが，利益のあり方は流動的です。というのも，資産が拡張した結果，「売れない」資産や，「（まだ売ってはいないが仮に）売れば利益が出るはず」の資産が含まれ，利益の中にも処分できるもの（株主に配当したり税金として納めてもいいもの）やそれができないものが混在する結果になったのです。

　このような財務諸表の開示の変化は，資産や負債の確定の考え方の変化から生じており，したがってまずは貸借対照表を作成することから開示が始まります。このため，このような財務諸表作成の考え方を**資産負債アプローチ**といい，現在の国際会計基準等で広く採用されている理論となっています。これに対して，損益計算書の項目である費用と収益を確定して財務諸表を作成する考え方を**収益費用アプローチ**といいます。

　一見すると，資産負債アプローチは以前の静態論，収益費用アプローチは動態論とよく似た考え方です。しかし，動態論が計算構造すなわち簿記における利益計算の説明のための理論であったのに対して，資産負債アプローチは会計

情報開示のための会計基準，そしてその基礎となる概念フレームワークにおける定義から生じていることに違いがあります。資産負債アプローチは，現代の会計情報開示，あるいは財務会計のための理論なのです。

コラム㉗　会計学の専門用語

　会計学で使われる用語は，その性格から外国語，特に英語の翻訳が多くあります。会計あるいは会計学は，accountingの訳ですが，イギリスではaccountが使われることもあります。一方で，第3章の簿記に出てきた「勘定」もaccountです。また，高校での英語では，account forを，「説明する」と覚えたこともあるのではないでしょうか。実際に，accountabilityは「説明責任」と翻訳されることが多いようですが，それは近年のことであり，少なくとも1980年代までは「会計責任」と訳されることが普通でした。

　また，財務会計は英語ではfinancial accountingですが，cost accountingは原価計算と訳しています。つまりこのときは，accountingを「計算」と訳していることになります。financialの名詞であるfinanceにしても，日本語では，財務，金融，財政など，状況に応じてさまざまな訳語があてられています。また，訳すことなくファイナンスと書いてしまうこともみかけます。概念を日本語で説明しづらくなると，カタカナで表記してしまう日本語の奥の手です。

　会計学を日本語で学んでいると，違う用語には違う意味があると考えて悩んでしまうこともあるのですが，実際には同じ意味を持っていることもあります。また，カタカナ用語は，その意味をよく理解しないままに使ってしまうこともあります。理論を学ぶ際には，英語ではどう表記するのか，そしてその類語を考えてみると，概念の理解が進むことも多いのです。

---

❼—管理会計論（経営会計論）

　管理会計は，企業の内部で行われている会計基準に拘束されない会計実務を対象にしており，その内容は多様です。これを研究対象とする管理会計論ないし**経営会計**論は，ある特定の企業の実務の観察からスタートすることがほとんどです。すなわち，まずは帰納的な方法で研究が行われます。

　とはいえ，一定の基本原理を見出したとしても，それがすべての企業に通用するものとは限りません。実務が多様である以上，すべての企業に共通する管理会計の原理は見出しにくいのです。しかし，たとえば特定の業種にだけ用いられ得る原理や法則を見出すことができたとすれば，その業種に属する企業に

とっては，その理論を採用することで経営効率を上げることができるでしょう。これは実務的には大きな貢献です。

つまり，管理会計における理論の構築は，帰納的な方法で一定の原理を見出し，それが現実に使えるかどうかをさまざまな企業に適用して確認する（これは医学において効果があるはずの治療の臨床試験をして，治療効果を証明することと同様の）演繹の過程にほかなりません。

では，どのように帰納を行うかですが，大きく分けて2つの方法があります。1つは多数の企業の実務からデータを集め，一般的なモデルを作成するものです。これは，前述の実証理論のやり方に酷似しています。作成されたモデルは数式で示されますが，これを他社が自社のデータを入れて使ったときに，その有効性が検証されることになります。

もう1つは，ケーススタディです。特定の企業の実務を事例研究としてとり上げ，その特徴を記述します。それをモデル化し，一般化するのですが，このときそのモデルは必ずしも数式とは限りません。ケーススタディによる帰納は，他社のケーススタディを重ねていく努力も必要ですし，特徴的な実務で成功している企業をとり上げる必要もあります。

1980年代までのアメリカでは，管理会計研究では主として前者の数理モデルを構築する帰納的研究が中心でした。たとえば，第8章でも言及したハーバード大学ビジネススクール教授のキャプラン（R. Kaplan）はその第一人者でしたが，90年代以降一転して後者のケーススタディによる方法に傾斜します。それはこの時代に，アメリカの製造業が外国企業，特に日本企業にコスト面で勝てない現実が背景にあったといわれています。精緻な数理モデルを開発し，理論的には正しいはずの理論モデルに従った実務ではコストが最適化されるはずですが，それでも日本企業に勝てなかったのです。たとえば，在庫モデルでは，組立工程で部品が足りなくならないようにギリギリの数の部品在庫を持つことで在庫コストを下げる，という数理モデルでした。しかし一方でトヨタ自動車は，「かんばん方式」や「ジャスト・イン・タイム方式」により，部品在庫をゼロにするという実務を行っていました。

数理モデルでは，答えがゼロ（つまり在庫なし）になることはありません。このため，キャプランは日本企業などの実務を観察し，ケーススタディ（キャ

プランはフィールドスタディとよびます）を行って原理を探る活動を始めます。その成果は，後にABC（活動基準原価計算）や，ABM（活動基準経営管理），そしてBSC（バランスト・スコアカード）の提案となって結実していきます。

　ABMやBSCでは，もはや必ずしも貨幣額の数値情報を用いていません。BSCは，会計の貸借対照表（バランスシート）の考え方がもとになっていますが，金額の管理が主眼になっておらず，貨幣額で表せない情報も含めて管理し，経営の効率化を図ろうとしています。このように，現代の管理会計論は，必ずしも伝統的な「会計」の枠組みにとらわれることなく，広く経営を管理するための手法を研究するに至っているのです。

❽─実証理論と規範理論

　実証理論と規範理論については，❷で簡単に触れましたが，本や論文に触れたとき，この2つには見た目にも大きな違いがあることがわかります。

　まず，実証理論の論文では，ほとんどの場合，その過程で数学や統計学が多用されています。つまり論文には数式が散見されることになります。一定数のデータを集め，これを仮説のモデルに当てはめ，その当てはまり具合を検証することで，原理・原則に相当する抽象化したモデルの正しさを証明しようとするため，その過程に数学や統計学が用いられるのです。このような方法は，主としてアメリカの会計学研究で多くみられるものです。

　なお，同様に帰納のための手法としては，ケーススタディ（事例研究）もありますが，ある特定の企業の事例をとり上げて抽象化することから，実証理論とよばれることは少ないようです。この場合には，数理モデルを開発することはその目的とはされず，記述により当該企業の持つ特徴や原理が抽出されます。

　一方で，規範理論においては，抽象的な原理・原則をもとに，そこから論理的に導出される，いわば理想的なあるべき会計実務の姿が示されることになります。ここで，抽象的な原理・原則として，一定の評価を得ている哲学が用いられることが多く，著名な哲学の多くがヨーロッパで発展してきたことから，主としてヨーロッパの会計学研究で多く見られます。ここではその性格上，論文は文章による記述的なものになります。

　会計学において用いられる哲学としては，伝統的にはマルクス主義哲学がありましたが，近年ではフランスの哲学者であるフーコーの哲学を用いるものがよく見られます。これらの会計学研究は，批判的会計学（critical accounting）とか，学際的会計学（interdisciplinary accounting）などとよばれています。

コラム㉘　　マルクスとフーコー

　カール・マルクス（Karl Marx, 1818-1883）はドイツ人ですが，イギリスに長く住み，産業革命後期のイギリス経済を対象として経済学の研究を行いました。しかしその研究方法が論理的であり，哲学としても利用できたことから，他の学問分野にも多くの影響を与え，それは会計学も例外ではありません。一方で，激しい貧富の差と厳しい労働の上に成り立っていた当時のイギリス資本主義経済の研究結果から，より平等な共産主義社会の必要性を論じた思想家としても著名であり，これは後の社会主義国の誕生へとつながっていきます。このため，社会主義経済を研究した学者であると誤解されていることがあります。

　ミシェル・フーコー（Michel Foucault, 1926-1984）はフランス人で，一般の人々に権力がどうかかわり，管理・支配しようとするか，そして特に社会的弱者やマイノリティに関心を寄せた哲学者でした。その意味では，マルクスと同様に，フーコーは自身が生きた時代の矛盾を考察した哲学者です。権力の支配は制度やルールという形で一般の人々に強制されますから，これは会計制度にも通じます。このため，会計学の研究に対しても，近年大きな影響を与えたのでした。

---

❾—監査の理論

　監査論の理論も，ここまで述べてきたような研究の方法と基本的に同じです。規範理論によるものもあれば，実証理論，事例研究によるものもあります。監査論の代表的な研究者としては，規範理論によるマウツ（R. Mautz），実証理論の研究者としてはウォーレス（W. Wallace，いずれもアメリカ），近年の規範理論の研究者としてはパワー（M. Power，イギリス）などを挙げることができます。

　また，監査論の特徴として，会計士が行っている実務に直接に触れる分野であることから，実務の変化と社会の要請に対応する基準の開発を頻繁に行い続けねばならないことがあります。このため，監査理論の構築には，他の応用的な学問分野の知見の導入が広く行われる傾向があります。たとえばそれは，刑

事訴訟法を中心とする法学，倫理学，心理学などがあります。

　監査の対象には，必ずしも伝統的な会計情報だけではなく，第三者による証明を必要とするさまざまな情報も含まれます。会計監査は，監査ないし保証の典型的なものではありますが，監査理論は会計監査のためだけの理論にとどまらず，他のさまざまな情報に対する監査や保証をも説明しうる理論であることが求められるようになっています。これはこれからの課題といえるでしょう。

❿──理論の多重化と統合へ向けて

　ビジネスの拡がりとともに，会計も発達してきました。会計学も，本書で扱ってきたように，多くの分野に分化しています。

　この結果，会計理論も多重化し，一見するとまるで違ったことをやっているように思えることもしばしばです。全体としての会計学を，俯瞰して眺めること，つまり会計学とは何なのかを，体系的に説明することが難しくなってきているともいえるでしょう。

　拡がった会計学を，一貫した考え方で説明することが求められています。つまり，理論の統合です。しかし，これはまだ成功していません。それどころか，個別の会計現象についても，理論的に説明し得ているとはいえません。つまり，会計理論を必要としている場面は，まだまだたくさんあるのです。

　会計理論を構築し，会計を説明することは，会計というレンズを通して世界を見ることです。会計学研究の面白さはここにありますし，だから会計の研究者が社会に必要とされているのです。

コラム㉙　会計学とその隣接分野

　会計学は，簿記という独自の計算方法を使って，人間の社会的な活動を「量」として可視化することができる，という特徴を持つことで独自の発展をしてきました。

　しかし，会計学は今や簿記では計算できない事象や，数値情報ではない情報も対象として拡張しています。この結果，会計理論も幅広く展開する傾向にあり，会計学とその隣接学問分野との境界がみえづらくなってきています。

　たとえば，海外の学会や研究会では，財務会計論とファイナンス（金融あるいは資金調達）論は，ほぼ同じ分野として扱われていますし，管理会計論と経営学も，特に区分する必要がなくなってきています。公会計論と行政管理論，非営利組織論との関係にも，同様の傾向がみられます。

　そもそも，会計学とは何か，という問いに答えることが難しくなっている時代になってきているといえるかもしれません。

参考文献

　▷本章で言及した各論者の著書は，そのほとんどが現在書店では入手が難しくなっています。大学の図書館で探してみてください。それ以外で，会計理論についてとり上げたものには以下のような文献があります。いずれも，本章でとり上げた論者以外の研究者や理論の紹介を含み，テキストというよりは研究書になります。

上野清貴『会計測定の思想史と論理―現在まで息づいている論理の解明』中央経済社，2014年。
　▷原価，時価といった「会計測定」の観点からの理論がまとめられています。本章で言及した，井尻，リトルトン，ギルマンの理論も紹介されています。

上野清貴『会計の科学と論理』中央経済社，2019年。
　▷哲学を基礎に会計学を展開する理論のあり方が，論じられている文献です。本章で言及した，井尻やリトルトンが紹介されていますが，特に井尻の理論については1章を割いてくわしく述べられています。

上野清貴（編著）『簿記の理論学説と計算構造』中央経済社，2019年。
　▷タイトルのように，簿記の観点からの理論がまとめられています。内容的には本章第4節に関係しますので，そこで言及した，シェアー，シュマーレンバッハ，井尻が紹介されているほか，日本の論者についても述べられています。

桑原正行『アメリカ会計理論発達史』中央経済社，2008年。
　▷本章では，アメリカの会計理論については主として第2次世界大戦後の展開を紹介しましたが，この著作では戦前のアメリカ会計理論に焦点をあてています。本章で言及したギルマン，リトルトンについても紹介があります。

第13章　会計実務

　会計の知識は実際に企業でどのように役立つでしょうか。本章では，会計学が机上の学問ではなく，社会に直結し企業経営に欠かせない実務的な学問であることを理解するために，企業における会計実務，経理部の実務，会計に関する資格を紹介していきます。

❶—企業経営と会計

　企業にはさまざまな部署が存在します（**図表13−1**）。このうち会計の知識を使うのは経理部だけと思われがちですが，企業経営は会計と密接に関連しており，あらゆる部署で会計の知識が必要になります。「会計を知っている人は出世する」，そういわれることがあるのもこのためです。それでは企業における各部署でどのように会計が必要とされるのでしょうか。

図表13−1　企業の組織図

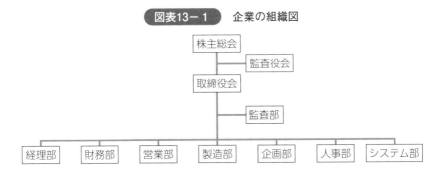

（1）経 理 部

　経理部では，日々の企業の取引を管理し帳簿に記帳します。日々の取引が仕訳としてまとめられ，月次および年次で試算表を作成し，決算作業により財務諸表が作成されます。貸借対照表や損益計算書を作成することも経理部の役割の１つであり，会計の知識がなければならない部署といえます。特に決算業務においては，複雑な会計の知識や技能が必要になります。貸借対照表や損益計算書は会計基準に基づいて作成することが求められており，会計基準には税効果会計，固定資産の減損会計，退職給付会計など，複雑な会計基準が多数存在するため，会計に関する専門的な知識が必要とされます。経理部での業務は特に会計と密接に関係しますので，経理部での業務の詳細について後述します。

（2）財 務 部

　財務部では，企業が経営に必要な資金を確保するために，金融機関からの借入や社債を発行して資金調達をします。企業が支払余力以上の借入をすると資金繰りに窮して破たんしてしまいます。このため企業のキャッシュ・フローや財政状況を適切に分析し，借入金や社債の返済期間や利率を決めることが重要となります。このような財務分析は，第９章で学んだような会計にかかわる指標が前提となり，会計知識を財務担当が持つことで，企業によってより合理的な資金繰り計画による資金調達が可能になります。

（3）営 業 部

　営業部では，自社の製品やサービスを顧客に販売します。顧客にどれだけ販売しても，利益が得られなければ赤字になります。いくらで製造した商品をいくらで売ればいくらの利益が得られるか。このような会計の知識を営業担当者が持つことで販売先との価格交渉を有利に効果的に進めることができるようになります。また，どれだけ製品を販売しても，販売代金を回収できなければ企業は損失を被ります。顧客に対する貸倒れのリスクがどの程度あるか。このような貸倒れなどの会計の知識を営業担当者が持つことで，企業経営のリスクを軽減することができます。

（4）製 造 部

　製造部では，自社が販売する製品を工場等で製造します。企業は製品を製造することが目的ではなく，製造した製品を販売して利益を出すことを目的としています。このため，自社の製品をいくらで製造するかが重要になります。製品やサービスの原価を計算するのが第6章で学んだ原価計算です。このような原価計算などの会計知識を製造担当が持つことで，より効率的な製造が可能となり，企業の利益獲得に貢献します。

（5）企 画 部

　企画部では，会社の予算及び中期計画の策定や進捗管理をします。予算や中期計画は企業の経営戦略に基づき各部署からの予測数値を積み上げて作成されます。将来の目標とする売上や利益など，予算や中期計画はいわば将来の損益計算書を作成する業務になります。企画部が会計の知識なく販売戦略のみで経営戦略を策定した場合，会計上必要な費用が網羅されず，計画と実績が乖離する原因となります。特に，固定資産の減損会計や税効果会計は将来の損益に与える影響が大きく，会社が成長するための経営戦略や中期計画を策定するためには，会計の知識が必要になります。

（6）その他の部署

　その他の部署でもさまざまな会計とのかかわりがあります。たとえば，人事部では，給与計算に関する源泉税などの税務の知識や退職金計算に関する退職給付会計に関する知識が必要になります。また，企業の業務が適法・適正に行われていることを確認する監査部では，会計の知識によってより有効な監査が可能になります。システム部のような一見会計とはかかわりのなさそうな部署においても，業務処理システムを開発する際には，取引データから仕訳データへの変換など，会計の知識が必要とされる場面が多くあります。

＊　　　　　＊　　　　　＊

　このように企業経営にとって会計は不可欠な知識であり，会計を身につける

ことによりあらゆる企業のあらゆる部署で活用することができます。また，このような万能なスキルである会計が活きるのは，ビジネスパーソンとして企業に就職する場合だけではありません。

　会社を起業して社長になる場合，自分の会社の業績や将来の事業計画を理解しなければ経営は成り立ちません。自社の財務諸表を読みとり，将来の経営に活かすために，会計の知識は経営者にとって必要になります。

　公務員にも会計の知識は必要です。第10章で学んだように，国や地方自治体では従来資金の収支を基本にした現金主義に基づく運営がされてきましたが，国や地方自治体の資産や負債の状況が把握できないため，複式簿記による会計制度が導入されてきています。今後は民間企業だけでなく，公的機関においても会計がより重要になってきます。

❷──経理部と会計

　企業の中でも特に会計学とのかかわりが強いのが経理部になります。経理部では会社におけるお金の流れの管理，会社の日々の取引に関する仕訳の記帳や管理，月次決算による月次単位での会社の業績管理，取引先の与信管理，年度決算における財務諸表の作成，税金計算や顧問税理士との折衝，会計監査における公認会計士との折衝など，多岐にわたる重要な業務が経理部の担務になります（**図表13－2**）。以下では，経理部において具体的にどのような業務が行われているかについて紹介していきます。

（1）資金管理

　「勘定合って銭足らず」という言葉があるように，いくら利益がでていても資金が不足しては企業を継続することができません。このため，資金管理は企業にとって重要な管理業務になります。

　経理部では，現金を現金出納帳で管理しています。日々の現金を何にいくら使用して，銀行からいついくら現金を入出金したかを現金出納帳に記録することで現金の残高やこれまでの現金の使用使途を管理できるようになります。合わせて経理規程等で現金を実査するルールなどを定め，定期的に現金の実物と

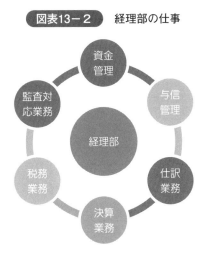

図表13－2　経理部の仕事

現金出納帳上の現金残高との一致を確認することで現金の横領などを防止する対策を講じます。

　また，多くの企業は小口現金の制度を利用しています。経理部は会社全体の現金から一定額の小口現金を各部署に渡し，各部署では少額の支払いや経費の精算を小口現金で行います。小口現金を使用した各部署は使用した小口現金の内容を経理部に報告し，経理部は使用した額を確認し各部署の小口現金を補充します。

　経理部による資金管理では，現金だけでなく，預金の管理も行われます。多くの取引先との取引は現金ではなく預金の振込により行われるため，経理部では預金通帳の残高と経理上の預金の残高の一致を日々確認します。

　このように企業の経営に必要な資金を管理し，横領などの発生を未然に防止する重要な役割を経理部が担っています。

（2）与信管理

　企業の取引は頻繁かつ継続的に発生するため，取引先の信用のもとで現金ではなく，掛売りや受取手形などによって行われます。しかし，掛売りや受取手形などによって生じた売上債権が，取引先の倒産により回収できなくなってしまうと企業には損失が生じてしまいます。このため，取引先の信用リスクを管

理する与信管理は企業にとって重要な管理業務になります。

　経理部では，与信管理として，新規の取引先と取引を始める際に信用調査を行い，取引先との取引額の上限を信用調査の結果に応じて事前に定めることで貸倒れが生じても損失が限定的になるよう管理します。また，売上債権が予定通りに入金されているかを取引先ごとに日々管理し，延滞している先に督促を行い回収を促します。

　このように貸倒れによる損失が生じないよう取引先を管理する重要な役割を経理部が担っています。

（3）仕訳業務

　経理部では，日々の企業の取引を仕訳として記帳し，また，他の部署や営業所等で記帳された仕訳をチェックする仕訳業務を行います。仕訳のチェックを怠ると，正しくない財務諸表が作成される，不適切な経費使用を見逃す，取引先との間で債権債務等の不一致が生じるなど，企業にとって重要な問題が生じてしまいます。

　経理部では，仕訳管理として一定金額以上の取引を行う際は一定の上長の承認を必要とする職務権限制度を規定するとともに，伝票とともに支払いの根拠となる領収書を添付させてチェックすることで，不適切な経費使用の防止や仕訳の誤りのチェックを行います。このような適切な仕訳管理を経理部が担っており，日々の仕訳は正しく記帳され，正しい財務諸表が作成されます。

（4）決算業務

　経理部は日々記帳した仕訳を月次で集計し，収益と費用を確定させる**月次決算**を行います。月次決算により毎月の経営状況がわかり，経営者は経営の意思決定の参考にします。月次で予算が組まれる企業も多く，月次決算の実績と比較し乖離状況を分析することで，翌月からの経営方針に活用することができます。

　このように経理部の業務は過去に発生した取引を仕訳に変換する後ろ向きなものではなく，将来の経営のための参考数値を経営者に提供するものであり，月次決算を適時に適切に行える会社はスピーディな意思決定が可能になります。これにより会社の成長が早くなることから，経理部は企業経営において重要な部署といえます。

　また，企業は金融商品取引法や会社法に基づいて財務諸表を作成する必要があります。このため，決算日を定款で定め，1年間の財政状況や経営成績を示すために貸借対照表や損益計算書を作成します。正しい財務諸表を作成するためには，会社法，会社計算規則やさまざまな会計基準の理解が必要であり，経理部には幅広い知識が求められます。

　経理部が作成した財務諸表は経営者が企業経営のために活用し，将来の経営戦略や予算管理の基礎となり，企業の成長に必要な重要な書類になります。

（5）税務業務

　企業には税金を納付する義務があります。企業に関連する税金には，法人税，住民税，事業税，事業所税，消費税，固定資産税，不動産取得税，印紙税など多岐にわたります。また，従業員の源泉所得税や社会保険料などの計算も必要になります。これらの税金の計算や納付を経理部が行います。

　特に法人税や消費税については，税制が非常に複雑で専門的な知識が必要になります。企業によっては，税金計算を顧問税理士に委託したり，経理部が計算した税額の検証を顧問税理士に委託するため，専門家である税理士との折衝も経理部の担務になります。また，会社は数年に一度税務調査を受けるため，調査官との折衝も経理部が行います。

　税務の知識は企業経営にとっても重要視されており，国際的なグローバル企業では，税務戦略を経営戦略と位置づけています。国際的な税務の知識を持つことで経理部において企業グループの税コストの最適化を実現することが可能になります。

（6）監査対応業務

　上場会社や会社法に基づく大会社は，公認会計士の会計監査が義務づけられています。経理部は財務諸表を作成するだけでなく，作成した財務諸表について公認会計士の監査を受けるため，公認会計士との折衝が求められます。公認会計士による監査は，複雑な会計基準や企業の内部統制にかかわるため，幅広い専門的な知識が必要であるとともに，会計や監査の専門家に対して会社の方針を主張できるだけの理解が必要になります。

＊　　　　＊　　　　＊

　このように経理部は会計と関連するさまざまな業務を担っており，このため経理部には幅広い知識が求められます。日々の仕訳を起票するための簿記の知識，財務諸表を作成するための会計基準や会社法，税法など関連する法律の知識など，専門的で高度な知識が求められる部署が経理部といえます。

　また，他の部署を巻き込み会計に関する数値や顧客を管理する管理能力も必要です。資金管理や与信管理など，会社に損害を与えないために事前に対策を講じて対応する危機管理能力も重要になります。

　経理部のとりまとめた月次決算資料は経営戦略に利用されます。そのため経営戦略にかかわるビジネスの理解，予算と実績との乖離を踏まえた将来予測など，企業経営能力も必要とされます。

　さらには，税理士や公認会計士などの専門家との折衝や諸管理業務における社内調整能力など，高いコミュニケーション能力に加え，時にはグローバルな会計知識や英語力が求められます。

　「経理が強い企業は成長する」といわれるように，経理部は企業の中でも特に企業経営の根幹を支える重要部署とされています。経理部長，経理部員が意識を高く持ち，会社のビジネス，経営方針，戦略を深く理解したうえで経理業

務に携わることで，各部署からの情報を的確に収集して会社の現状を把握することができ，経営方針を決めるための情報を経営者に提供することで企業は成長してきます。このように経営と密接した重要な部署が経理部です。

コラム⑳　　公認会計士の１日

一例として，ある公認会計士の１日のスケジュールを表にしてみました。ここでクライアントとは，公認会計士にとっての顧客である監査先の企業のことを指します。

時　　間	場　　所	内　　容
10時〜	A社：クライアント店舗	棚卸立会＊１
13時〜	B社：クライアント本社	社長とのディスカッション＊２
14時〜	B社：クライアント本社	監査役への監査報告
16時〜	C社：クライアント本社	期末監査
19時〜	監査法人事務所	海外子会社とのテレビ会議＊３

＊１　会社の棚卸資産が実在するかを確認する作業に立ち会います。業種によっては，スーパーの店舗で商品を数えたり，石油タンクに登って石油の量を測ったり，冷凍庫の中で冷凍食品を数えたりと，さまざまな棚卸立会があります。

＊２　会計監査では，経営方針の理解等の目的で社長とのディスカッションが重要とされています。時には経営者と経営戦略について議論することもあります。

＊３　クライアントの子会社が海外にある場合，海外出張で直接監査をするほか，現地の監査人とWEB会議等で情報交換する場合があります。日本企業のグローバル化により，公認会計士にも英語力が必要とされます。

---

❸—会計に関する資格

会計学の知識はすべての企業で活用できる万能なスキルであり，日本には会計に関する資格もいくつか存在します（**図表13－3**）。

簿記検定の資格は，企業において経理部のみならず，さまざまな部門で会計知識が活用できるため，経営管理に役立つ知識として，企業に求められる資格の１つといわれています。

また，簿記検定のほかに，会計を職業とする資格として税理士と公認会計士があります。いずれも国家資格であり，税理士は税務の専門家，公認会計士は監査の専門家として，日本経済において重要な役割を担っています。

図表13－3 会計にかかわる資格

簿記関係	実務関係
日商簿記検定	銀行業務検定試験
簿記能力検定	建設業経理士
農業簿記検定	ビジネス会計検定試験
税務関係	社会保険労務士
	中小企業診断士
税理士	ファイナンシャルプランナー（AFP・CFP）
消費税法能力検定	ファイナンシャル・プランニング技能士
法人税法能力検定	BATIC（国際会計検定）
所得税法能力検定	IPO実務検定
監査関係	財務報告実務検定
	プロフェッショナルCFO資格
公認会計士	IFRS検定
米国公認会計士（USCPA）	FASS検定（経理・財務スキル検定）
CIA（公認内部監査人）	
公認不正検査士（CFE）	

　税理士は，税理士法において「税務に関する専門家として，独立した公正な立場において，申告納税制度の理念にそつて，納税義務者の信頼にこたえ，租税に関する法令に規定された納税義務の適正な実現を図ることを使命とする」と規定されています。納税義務者である企業や個人が適切な納税ができるよう税務上の指導や助言を行うのが税理士になります。実際に，ほとんどの企業は税理士と顧問契約を締結し，大企業においては申告書のチェックとともに税務戦略のアドバイスを受け，中小企業においては税務申告のサポートを受けています。

　一方，**公認会計士**は，公認会計士法において「監査及び会計の専門家として，独立した立場において，財務書類その他の財務に関する情報の信頼性を確保することにより，会社等の公正な事業活動，投資者及び債権者の保護等を図り，もって国民経済の健全な発展に寄与することを使命」とし，「他人の求めに応じ報酬を得て，財務書類の監査又は証明をすることを業とする」と規定されています。財務諸表監査を独占業務として，その他にもコンサルティング業務や税務業務を行う資格が公認会計士になります。公認会計士は，登録により税理士業務も行えます。

　公認会計士の主な業務である財務諸表監査は，企業が虚偽の財務情報によっ

て投資者や債権者などの利害関係者が損害を被ることを防ぐために設けられ，このような監査制度がなければ株式市場の信頼性が損なわれ，経済の活性化が阻害されてしまいます。このため公認会計士は企業等の公正な経済活動，社会の健全な発展に重要な役割を担う専門家であり，「資本市場の番人」や「経済のインフラ」とよばれています。

　なお，法律によって公認会計士による監査を求められるのは，金融商品取引法に基づき有価証券報告書を提出している上場会社等，会社法に基づく大会社（資本金5億円以上もしくは負債200億円以上）のほか，一定規模以上の社会福祉法人，医療法人，信用金庫，保険相互会社，国立大学法人，学校法人など多岐にわたります。

　税理士と公認会計士はいずれも会計に関連する専門職ですが，税理士は税金計算を専門とし，公認会計士は監査を専門とする点で相違しています。

　税理士はすべての企業に対して顧問税理士として企業の確定申告や税務調査サポートを行います。企業が海外に進出すると海外の税制にも適応する必要があります。制度も税率も異なる中で，契約の内容や価格の設定によって納める税金が変わるなど，企業経営にとって税務戦略は欠かすことができません。このため，税理士は「税金を計算する人」ではなく，税務戦略をサポートする企業の参謀といえます。

　一方，公認会計士は金融商品取引法や会社法に基づいて義務づけられた大会社に対して第三者の立場で監査を行います。公認会計士の監査は財務諸表に対する会計監査のほかに，企業の内部統制の有効性を対象とする内部統制監査もあり，不正や誤謬を防止するしくみを監査します。

　公認会計士の監査は電卓を叩いて計算したり，請求書などの証票を確認する仕事ではありません。企業が複雑な会計基準を適用できるよう指導し，企業の内部統制が適切に整備・運用されているかを確認し，ITツールを活用して仕訳データを分析し，社長や監査役と会計事象について協議するなどの手続を踏んで監査報告書を提出します。

　また，公認会計士は会計の知識を活かしてさまざまなフィールドで活躍しています。

　たとえば，企業が成長していく過程において，他の企業を買収するM&Aを

することがあります。買収に際しては，対象となる企業の価値を評価するデューデリジェンスが行われますが，その際に公認会計士が資産や負債の評価を行うことがあります。会計の知識を活かして企業価値を適切に評価することで，買収後の企業のリスクを低減させることができます。

　そして，中小企業が成長するとIPOを目指すことがあります。IPOはオーナー企業が新規に株式を証券取引所に上場し，投資家に株式を取得させることをいいます。株式を上場すると会計監査が義務づけられますが，上場するために内部管理体制を構築し，適切な財務諸表を作成するための組織作りが必要になります。公認会計士は企業のIPOに会計監査やコンサルティングの形で関与し，株式上場の支援を行います。

　このように税理士や公認会計士は企業の参謀や会計監査人，コンサルタントとなって，企業の成長を支えます。このように税理士や公認会計士が専門家として活躍するためには，常に税務や会計の勉強を継続する必要があります。

　前述のように会計に関する資格は数多くあります。どの資格を取得するとしても，資格があれば仕事ができるのではなく，資格と経験と能力を組み合わせて会計を自分のものにしていくことが重要です。複数の資格を取得して活躍する専門家もたくさんいます。取得したその資格を活かしてどのように社会で活躍していくかを常に考えて行動することは，数年後の自分にとって必ず財産になります。また，資格以外にも，話す力，聞く力，伝える力，英語力，判断力，調整力など，社会で役に立つ能力はさまざまです。

　自分自身が社会でどのように輝いていくかを考え，そのために社会に求められる能力は何かを考え，その能力を身につけるためにすべきことを真剣に取り組んでいくことが大切です。

> ### コラム㉛　　税理士試験と公認会計士試験
>
> 　税理士試験の試験科目は，会計学に属する科目（簿記論および財務諸表論）の2科目と税法に属する科目（所得税法，法人税法，相続税法，消費税法または酒税法，国税徴収法，住民税または事業税，固定資産税）のうち3科目です。税理士試験は科目合格制をとっており，受験者は一度に5科目を受験する必要はなく，1科目ずつ受験してもよいとされています。
>
> 　公認会計士試験は，まず短答式試験と論文式試験の2段階の試験に合格する必要があります。短答式試験の試験科目は，財務会計論，管理会計論，監査論，企業法の4科目で，短答式による試験です。論文式試験の試験科目は，会計学，監査論，企業法，租税法の4科目と経営学，経済学，民法，統計学のうち1科目です。また，公認会計士試験に合格した後に，日本公認会計士協会による実務補習と3年間の実務経験を経て，日本公認会計士協会による修了考査に合格をすると公認会計士の資格が取得できます。

❹—社会で役立つ会計

　会計の知識は実際に企業でどのように役立つのでしょうか。

　会計の知識を使って，決算，予算，資金繰りなどの会計情報を作ること，その会計情報を使うこと，そして，それらを検証，指導，支援することができます。

　企業におけるすべての取引は，仕訳として財務諸表を構成します。このため，企業のすべての組織において，会計の知識は必須であり役に立ちます。また，経理部は会計とのかかわりが強く，企業経営に重要な影響を与える重要な部署になります。

　特に財務諸表を作成する決算業務は，企業の稼ぐ力（収益力）や保有する財産（財政状態），投資効率などを正確に記録する業務であり，経済活動の基礎となる重要な役割を担います。このように，会計の知識を使って会計情報を作ることは企業にとって不可欠です。

　そして，実務では，会計の知識を使って，これらの会計情報を使うことができます。経営者や経理部長，支店長，工場長などの経理管理者は，企業経営のために財務諸表を使います。経営戦略を策定し，予算管理を行い，M&Aをするかどうかの判断を行います。財務諸表は客観的・合理的な企業経営を行うた

めの基礎となり，過去の会計情報は，問題解決や企業成長に活かすことができます。

　「会計を知っている人は出世する」といわれるのはなぜでしょうか。経理のエキスパートは，「経営者の参謀」になります。企業やファイナンスのための事業計画の策定，設備投資やM&Aの意思決定に関する会計情報，株主や投資家とのコミュニケーションにおいても，経営者の参謀として経理のエキスパートが活躍します。

　さらに，財務諸表の検証，財務諸表の作成を指導，支援するにも会計の知識は役に立ちます。会計の専門家である税理士，公認会計士は会計の知識を活用して，企業の健全な発展に貢献しています。

　このように，会計学は組織形態や業種・業態を問わず幅広い領域で必要とされ活躍が望める学問です。

　本書にて会計学を学んだ皆さんには，これを機に会計学に興味を持ち，より深く学び，社会で会計学を活用し，組織の発展に貢献してもらうことを期待しています。

コラム㉜　　未来の監査

　AI（人工知能）により不要となる職業の1つに，公認会計士が挙げられることがあります。果たして本当でしょうか。

　会計を含むさまざまな分野に，テクノロジーが導入されています。公認会計士による監査業務においても，膨大なデータをAIが分析し不正の兆候を発見する監査業務の自動化といった取組みがすでに行われています。しかし，AIが識別した不正な兆候である異常なデータが不正な取引であるかどうかは，職業専門家である公認会計士にしか判断することはできません。今後テクノロジーの活用により企業の取引が複雑化すればするほど，適切な判断が必要とされる場面が増え，公認会計士の専門的知識が更に必要になると考えられます。AIの発達は公認会計士の仕事を助けてくれることになるでしょうが，公認会計士の仕事を奪うことにはならないのです。

参考文献 ────────────────

日本公認会計士協会ホームページ（https://jicpa.or.jp/cpainfo/）
　▷公認会計士に関心がある人，なりたい人向けの紹介ページがあります。
公認会計士・監査審査会ホームページ（https://www.fsa.go.jp/cpaaob/kouninkaikeishi-shiken/index.html）
　▷公認会計士試験の実施機関で，試験についての紹介や情報があります。
日本税理士会連合会ホームページ（https://www.nichizeiren.or.jp/prospects/）
　▷税理士を目指す人向けの情報を公開しています。
EY新日本有限責任監査法人（編）業種別会計シリーズ，第一法規。
　▷実務では，業種の違いによって会計処理も異なります。上記の書籍は，たとえば自動車産業，保険業，電車・バス事業といったように，その会計実務を業種ごとに1冊にまとめています。少し難しいですが，関心がある業種があれば，その会計を学んでみるとよいでしょう。

索　引

〈編著者紹介〉

吉見　宏（よしみ　ひろし）

北海道大学理事・副学長，博士（経営学）（北海道大学）
1961年生まれ。九州大学経済学部卒業,同大学院経済学研究科博士後期課程単位取得退学。北海道大学経済学部講師，助教授を経て，大学院経済学研究院教授。この間，大学院経済学研究科長・経済学部長，副学長を経て現職。公認会計士試験委員（監査論），金融庁企業会計審議会臨時委員，北海道公益認定等審議会会長などを歴任。
〈主要著書〉
『会計利潤の計算方法』（共著），同文舘出版，1994年
『企業不正と監査』（単著），税務経理協会，1999年
『ケースブック監査論』（単著），新世社，2001年
『日本発ブランド価値評価モデル』（共著），税務経理協会，2003年
『監査期待ギャップ論』（単著），森山書店，2005年
『会計不正事例と監査』（編著），同文舘出版，2018年
『基本企業簿記』（編著），同文舘出版，2020年

ビギナーズ会計学

2022年4月20日　第1版第1刷発行

編著者　吉　見　　　宏
発行者　山　本　　　継
発行所　㈱中央経済社
発売元　㈱中央経済グループ
　　　　パブリッシング

〒101-0051　東京都千代田区神田神保町1-31-2
電話　03 (3293) 3371(編集代表)
03 (3293) 3381(営業代表)
https://www.chuokeizai.co.jp
印刷／三英印刷㈱
製本／㈲井上製本所

© 2022
Printed in Japan

＊頁の「欠落」や「順序違い」などがありましたらお取り替えいたしますので発売元までご送付ください。（送料小社負担）
ISBN978-4-502-42501-1　C3034

■最新の監査諸基準・報告書・法令を収録■

監査法規集

中央経済社編

本法規集は，企業会計審議会より公表された監査基準をはじめとする諸基準，日本公認会計士協会より公表された各種監査基準委員会報告書・実務指針等，および関係法令等を体系的に整理して編集したものである。監査論の学習・研究用に，また公認会計士や企業等の監査実務に役立つ1冊。

《主要内容》

企業会計審議会編＝監査基準／不正リスク対応基準／中間監査基準／四半期レビュー基準／品質管理基準／保証業務の枠組みに関する意見書／内部統制基準・実施基準

会計士協会委員会報告編＝会則／倫理規則／監査事務所における品質管理　《**監査基準委員会報告書**》　監査報告書の体系・用語／総括的な目的／監査業務の品質管理／監査調書／監査における不正／監査における法令の検討／監査役等とのコミュニケーション／監査計画／重要な虚偽表示リスク／監査計画・実施の重要性／評価リスクに対する監査手続／虚偽表示の評価／監査証拠／特定項目の監査証拠／確認／分析的手続／監査サンプリング／見積りの監査／後発事象／継続企業／経営者確認書／専門家の利用／意見の形成と監査報告／除外事項付意見　他《**監査・保証実務委員会報告**》継続企業の開示／後発事象／会計方針の変更／内部統制監査／四半期レビュー実務指針／監査報告書の文例

関係法令編＝会社法・同施行規則・同計算規則／金商法・同施行令／監査証明府令・同ガイドライン／内部統制府令・同ガイドライン／公認会計士法・同施行令・同施行規則

法改正解釈指針編＝大会社等監査における単独監査の禁止／非監査証明業務／規制対象範囲／ローテーション／就職制限又は公認会計士・監査法人の業務制限